Ephemere Materialien

d|u|p

materialisierungen 2

Andrea von Hülsen-Esch, Ricarda Bauschke-Hartung,
Vittoria Borsò, Reinhold Görling, Hans Körner,
Achim Landwehr, Roger Lüdeke, Eva Schlotheuber,
Timo Skrandies, Jürgen Wiener (Hg.)

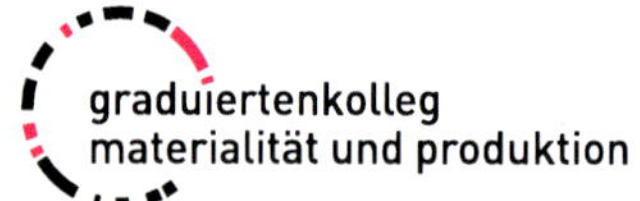

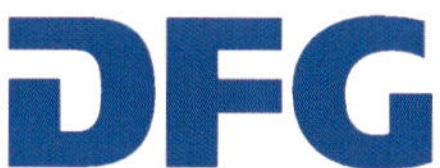

Ephemere Materialien

Andrea von Hülsen-Esch (Hg.)

HEINRICH HEINE
UNIVERSITÄT DÜSSELDORF

INSTITUT FÜR KUNSTGESCHICHTE

düsseldorf university press

d|u|p

Bibliografische Information der Deutschen Nationalbibliothek
Die Deutsche Nationalbibliothek verzeichnet diese Publikation in der Deutschen Nationalbibliografie; detaillierte bibliografische Daten sind im Internet über http://dnb.dnb.de abrufbar.

http://www.dupress.de
Redaktion: Katharina Windorfer, Miriam Leopold, Katharina Sauther
Titelbild: Ballet dancer in flying satin dress with umbrella
http://de.fotolia.com/id/50995683 © Sergey Nivens - Fotolia.com
Titelgestaltung: Hannah Bothe
Layout und Satz: Hannah Bothe

Der Fließtext ist gesetzt in Adobe Garamond Pro
ISBN 978-3-943460-97-1

Inhalt

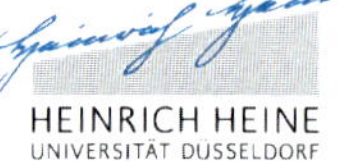

symposium "ephemere materialien"

eine veranstaltung des graduiertenkollegs "materialität und produktion" (grk 1678)

9.15 uhr
hanna baro • florenz
verfall und neubeginn. anfänge der leinwandmalerei in italien

10.00 uhr
jürgen wiener • düsseldorf
die tränen der verliebten. wasser und andere mimetische materialien in der frühneuzeitlichen gartenskulptur

10.45 uhr
kaffeepause

11.15 uhr
isa wortelkamp • berlin
körnung, kratzer und retusche – zur materialität des ephemeren in der tanzfotografie um 1900

12.00 uhr
martin papenbrock • karlsruhe
graffiti als gegenstand der forschung

12.45 uhr
martin schieder • leipzig
ephemeroptera. das limited artproject von yan lei auf der documenta 13

13.30 uhr
abschlussdiskussion

27. juni 2013 • schloss mickeln • remise

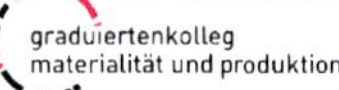

Vorwort

La modernité, c'est le transitoire, le fugitif, le contingent, la moitié de l'art, dont l'autre moitié est l'éternel et l'immuable.[1]
Charles Baudelaire

Bereits vor der Mitte des 19. Jahrhunderts war das Ephemere für Charles Baudelaire ein zentraler Begriff für seine Theorie der Kunst, hier verstanden als ein Phänomen der Moderne, das gleichzusetzen war mit dem Flüchtigen, dem Transitorischen, dem Zufälligen. Nicht von ungefähr thematisiert die Literatur des 19. Jahrhunderts das Ephemere, war es doch der zunehmenden Beschleunigung der Kommunikation geschuldet, dass sich die Wahrnehmung und Flüchtigkeit von Zeit, von Ereignissen und Zeitlichkeit vor dem Hintergrund des vermeintlich Dauerhaften, Epochalen und Beständigen grundlegend veränderte.[2] Die zeitliche Bedeutung, das Kurzlebige, Vergängliche, von kurzer Dauer Seiende, dem griechischen *ἐφημέρος* entlehnt, ist dem Begriff inhärent, doch findet er bereits mit den transitorischen Räumen der Glas-Stahl-Konstruktionen in der zweiten Hälfte des 19. Jahrhunderts eine Ausdehnung auf das Raumzeitliche: Als „visuelle Erfahrung von Dematerialisierung"[3] beschrieben, erfasst das Prozesshafte des Ephemeren auch das Unsichtbare als Bedingung wie als Folge des Sichtbaren. Unter anderem mit dieser Erweiterung findet der Begriff des Ephemeren seit den 1980er Jahren in der ästhetischen Theorie der Moderne sowie in dem Diskurs über Kunst zunehmend Verwendung. Von diesen Voraussetzungen ausgehend widmete sich das Symposium

---

[1] Charles Baudelaire, Le Peintre de la vie moderne, in: *L'Art romantique, Œuvres complètes,* hg. v. Claude Pichois (Bibliothèque de la Pléiade), Bd. 2, Paris 1976, S. 695.

[2] Vgl. hierzu Joachim Krausse, Art. ‚Ephemer', in: Ästhetische Grundbegriffe: historisches Wörterbuch in sieben Bänden, Bd. 2, hg. v. Karlheinz Barck, Stuttgart 2001, S. 241–260, bes. S. 241–247.

[3] Ebd., S. 248.

„Ephemere Materialien" dem Vorübergehenden, Transitorischen, der Dematerialisierung in den Künsten als einem Phänomen, das mit einer Veränderung der Materialität von Kunst intrinsisch verbunden ist. Anders als in den aktuellen Diskursen standen nicht primär die Beschleunigung oder die Facetten des Ephemeren in den Neuen Medien, im Film oder den Printmedien, nicht die medienästhetischen Entwicklungen im digitalen Zeitalter, nicht der Tanz, die Performance-Kunst oder Happenings, nicht das Provisorische oder Augenblickhafte per se im Vordergrund.[4] Vielmehr lag der Fokus auf den Materialien als produktiven Teilnehmern am Gestaltprozess und ihrem Beitrag zum Prozess des Ephemeren: Wurde bislang die ‚Produktion' von Kunst mit witterungsbedingt ephemeren Materialien – beispielsweise der Gartenplastik im Barock – stets unter rezeptionsästhetischer Prämisse erforscht, so richtet sich hier der Blick auf die Produktionsästhetik, die die Veränderung des Kunstwerks als ein konstituierendes performatives Merkmal begreift. Diese Perspektive könnte man auch z. B. beim Feuerwerk mit einbringen, dem von Theodor W. Adorno genannten Paradebeispiel für die Ästhetik des Ephemeren,[5] oder bei der Lichtkunst – Kunstformen, denen das Flüchtige und Vorübergehende eingeschrieben ist.[6] Die in diesem Band versammelten Vorträge des Symposiums behan-

[4] Siehe z.B. den Band: *ephemer_temporär_provisorisch,* hg. v. Immanuel Chi, Susanne Düchting u. Jens Schröter, Essen 2002; *Ephemeres. Mediale Innovationen 1900/2000,* hg. v. Ralph Schnell u. Georg Stanitzek, Bielefeld 2005; Annette Gilbert, Ephemere Schrift. Flüchtigkeit und Artefakt, in: *Die Sichtbarkeit der Schrift,* hg. v. Susanne Strätling u. Georg Witte, München 2006, S. 41–58.

[5] „Prototypisch für die Kunstwerke ist das Phänomen des Feuerwerks, das um seiner Flüchtigkeit willen und als leere Unterhaltung kaum des theoretischen Blicks gewürdigt wurde [...] Die Absonderung des ästhetischen Bereichs in der vollendeten Zweckferne eines durch und durch Ephemeren bleibt nicht dessen formale Bestimmung." Theodor W. Adorno, *Ästhetische Theorie,* hg. v. Gretel Adorno und Rolf Tiedemann, Frankfurt a. M. 1974, S. 125f.

[6] Vgl. die Beiträge in dem Band: *The medium of light in the context oft the neo-avant-garde in the 1950s and 1960s,* hg. v. Andrea von Hülsen-Esch u. Dirk Pörschmann, Düsseldorf 2013.

deln sowohl das sich durch verschiedene Prozesse oder Produktionsformen bis zur Zerstörung verändernde künstlerische Material, als auch die auf Kurzlebigkeit angelegten Kunstwerke und die Materialisierungen von Bewegungen in der Photographie. Mit den Forschungen zum Ephemeren, zum Transitorischen, zum Übergang an der Schnittstelle zur Materialität berühren die Beiträge ein zentrales Thema des Graduiertenkollegs „Materialität und Produktion" (GRK 1678), das sich unter anderem zum Ziel gesetzt hat, das Verhältnis von Material und Materialität in seinen vielfältigen Formen auszuloten. Mit der Dimension des Ephemeren wird nicht nur der flüchtige Augenblick fokussiert, sondern auch das Davor und Danach, mithin die Bedingungen für das Werden der Form, die Materialisierung der Idee, der Prozess der Veränderung danach. Die lebhaften Diskussionen im Anschluss an die Vorträge fanden zum Teil Eingang in die schriftlich fixierten Beiträge, die sich, in dieser Form niedergelegt, dem Ephemeren eines Symposiums entzogen haben.

Allen Autoren sei an dieser Stelle herzlich gedankt, wie auch den akribischen Redakteurinnen Katharina Windorfer, Katharina Sauther und Miriam Leopold für ihre stets wachsamen Augen.

Düsseldorf, im Dezember 2014 Andrea von Hülsen-Esch

Vom Werden und Vergehen des Materials. Leinwand als Bildträger in Italien um 1500

Hanna Baro

1

> Viele, ja die meisten Kunstwerke aus dem classischen Alterthume, die von den Zeitgenossen am höchsten bewundert wurden, sind für uns unwiederbringlich verloren gegangen. [...] Aber selbst aus den Hochzeiten der italienischen Kunst, von denen uns wenige Jahrhunderte trennen, ist vieles für den historischen Zusammenhang Wichtige verloren gegangen, und wir dürfen uns nicht mit der Hoffnung trösten, dass das Zerstörte je wieder wie die Werke der Alten aufgefunden werden.[1]

Analog zu diesem Zitat Franz Wickhoffs aus dem Jahre 1883 plädiert Gary Schwartz in seinem nur vier Seiten umfassenden, dafür aber umso prägnanteren Essay *Ars Moriendi, The Mortality of Art* dafür, dass es an der Zeit sei, sich einzugestehen, dass Zerstörung – nicht Überleben – die Norm ist, wenn es um Kunstwerke geht. „destruction, not survival, is the norm".[2] Schwartz liefert sogleich, zur Untermauerung dieser anfangs möglicherweise sonderbar anmutenden Aussage, die vom Kunsthistoriker Edward B. Garrison 1971 in *The Art Bulletin* publizierten Berechnungen hierzu. Garrison kam zu dem Schluss, dass nicht weniger als 70 bis 80 Prozent der im 12. oder 13. Jahrhundert in Italien produzierten Gemälde als verloren gelten müssen.[3]

---

[1] Franz Wickhoff, Der Saal des grossen Rathes zu Venedig in seinem alten Schmucke, in: *Repertorium für Kunstwissenschaft* 6 (1883), S. 1–37, hier S. 1f.

[2] Gary Schwartz, Ars Moriendi, The Mortality of Art, in: *Art in America* 84 (1996), H. 11, S. 72–75, hier. S. 72: „destruction, not survival, is the norm".

[3] Nachdem Garrison, so Schwartz weiter, von seinen Kollegen der ‚verantwortungslosen Übertreibung' beschuldigt wurde, lässt er seiner Aussage eine, wie Schwartz betont, „brilliantly simple analysis" folgen: „If by the year 2000 we know of 800 panels [from about 1210 to about 1310,

Die Gründe für diese ‚Werkverluste', von denen sowohl Wickhoff, Schwartz als auch Garrison sprechen, können natürlich unterschiedlichster Natur sein: von Ignoranz und fehlendem Wissen, falscher oder schlechter Lagerung beziehungsweise Konservierung bis hin zu fälschlichen Zuschreibungen oder gar mutwilliger Zerstörung, um hier nur einige der möglichen Gründe zu nennen.[4]

Der Aspekt, der in den Aussagen aller drei Kunsthistoriker mitschwingt, ist der des ungewollten und daher durchaus negativ konnotierten Verlustes. Doch bereits seit der Antike spielt das Ephemere – das Flüchtige und Vergängliche – eine zentrale Rolle in Kunst und Kultur. Man denke nur an die aufwändig gestalteten Prozessionen, Festtagsarchitekturen, Bankette, Aufführungen oder auch Feuerwer-

the period of greatest production of Romanesque panels], we shall be extremely lucky. ... This is 8 panels per year! ... If we suppose that the loss is only 80%, then only 40 panels can have been produced each year. ... If only 100 panels were produced per year, the loss is 92%, if only 200 panels were produced, it is 96%, if 400 panels, 98%, and if 800 panels, 99%. But even such yearly production-figures must appear minimal." Vgl. Schwartz, Ars Moriendi (wie Anm. 2), S. 72 und vor allem Edward B. Garrison, Note on the Survival of Thirteenth-Century Panel Paintings in Italy, in: *The Art Bulletin* 54 (1972), H. 2, S. 140.

4 Ein erschreckendes Beispiel dafür, dass sogar im Museumsbetrieb häufig fehlendes Wissen, oder, besser gesagt, fehlende Dokumentation, zu fatalen Verlusten führen kann, ist der Vorfall, der sich 1853 am Kunsthistorischen Museum in Wien ereignete. Restaurator Erasmus Engert entfernte und zerstörte den Originalbildträger von Tizians *Kirschenmadonna*, da er der falschen Annahme unterlag, dass diese Leinwand im Zuge einer Übertragung 1827 anstelle des Holzbildträgers angebracht wurde und somit kein Original war. Wie sich später jedoch herausstellte, wurde während besagter Restaurierung im Jahre 1827 lediglich der Holzgrund, auf den die Originalleinwand aufgezogen war, entfernt. Die Trennung von Originalleinwand und Holzgrund wurde damals allerdings nur unzureichend dokumentiert, so dass dem Restaurator dieser gravierende Fehler – eine Originalleinwand Tizians aus dem 16. Jahrhundert zu entfernen – unterlaufen konnte. Für eine ausführliche Beschreibung der Ereignisse siehe Elke Oberthaler / Martina Griesser, Titian's Madonna with the Cherries – A Conservation History Reconsidered, in: *Tradition and Innovation, Advances in Conservation, Contributions to the Melbourne Congress 10–14 October 2000*, hg. v. Ashok Roy u. Perry Smith, London 2000, S. 140–144. Leinwandgemälde

ke, die allesamt nur für den kurzen, flüchtigen Moment erschaffen und zum Leben erweckt wurden, um sich dann sogleich wieder zu ,immaterialisieren'.[5] Eine der oft zitierten und berühmten Anekdoten hierfür ist etwa die Geschichte von Michelangelos Schneemann, den der Künstler im Winter 1492 nach einem seltenen und heftigen Schneegestöber in Florenz für Piero de'Medici aus dem zarten und flüchtigen Material errichtete.[6] Allerdings muss man sich vor Augen halten, dass das Ephemere „doch immer nur vor dem Hintergrund des Dauerhaften, nur als Ausnahme von der Regel, in Erscheinung getreten"[7] ist. Besonders Textilien fanden in den eingangs bereits erwähnten ephemeren Festtagsarchitekturen, Festumzügen oder auch Prozessionen weitläufige Verwendung. Die in der Technik der sogenannten ,Tüchleinmalerei' hergestellten Werke waren jedoch meist an ein spezifisches Ereignis gebunden und waren daher der Momenthaftigkeit ausgesetzt. Auch wenn in der Literatur Werke auf einem textilen Malgrund häufig ganz allgemein als Tüchleinmalerei bezeichnet werden, so ist dies nicht nur irreführend, sondern in vielen Fällen schlichtweg falsch. Nicht der textile Bildträger, das ,Tüchlein' oder

---

zusätzlich auf Holz aufzuziehen war eine nicht unübliche Praxis, zum Einen, um den Gemälden am Bestimmungsort mehr Stabilität zu verleihen, zum Anderen, um sehr früh restauratorische Maßnahmen auszuführen, und zog sich bis ins 17. Jahrhundert hindurch.

[5] Der Begriff der ,Immaterialisierung' in der Kunst ist hier Jean-François Lyotard entlehnt; vgl. dazu auch Monika Wagner, Materialvernichtung als künstlerische Schöpfung, in: *Material im Prozess, Strategien ästhetischer Produktivität,* hg. v. Andreas Haus, Franck Hofmann u. Änne Söll, Berlin 2000, S. 109–121 und auch Monika Wagner, *Das Material der Kunst, Eine andere Geschichte der Moderne,* München 2001, S. 11.

[6] Vgl. Giorgio Vasari, *Das Leben des Michelangelo,* hg. v. Alessandro Nova, Berlin 2008, S. 43.

[7] Joachim Krausse, Art. „Ephemer", in: *Ästhetische Grundbegriffe,* Bd. 2, hg. v. Karlheinz Barck et al., Stuttgart / Weimar 2001, S. 240–260, hier S. 242.

eben das ‚Tuch', ist der ausschlaggebende Faktor für die Tüchleinmalerei, sondern vielmehr die Kombination aus textilem Bildträger und angewandter Maltechnik, genauer gesagt die Zusammensetzung der Pigmente und ihrer Bindemittel. Denn im Gegensatz zur herkömmlichen Öl- oder Eitemperamalerei[8] wurden die Pigmente weder mit Öl noch mit Ei gebunden, sondern mit einem Leimgemisch, das aus ausgekochten Tierknochen oder Tierhäuten gewonnen wurde.[9] Dieser zum Teil sehr wässrige Farbauftrag aus dem Leim-Pigmentgemisch führt nicht nur zu dem für die Tüchleinmalerei so typischen blasszarten und empfindlichen, Gouache-ähnlichen Farbauftrag, sondern vielfach auch – in Kombination mit der kaum vorhandenen Grundierung des textilen, saugfähigen Malgrundes – zum Durchsickern der Farbe auf die Rückseite.[10] Eines der am besten erhaltenen Beispiele

[8] Die Verwendung des Begriffs ‚Tempera' (lat. *temperare* – mischen) birgt eine gewisse Ungenauigkeit, da er sich nicht nur auf eine einzige Maltechnik oder Mischtechnik von Malmitteln beschränkt. Tempera bezeichnet nicht einzig und allein eidotterhaltige Bindemittel, vielmehr können auch „wäßrige Lösungen von Pflanzengummi, Leim oder Kasein mit Ölen und Harzlösungen zu Gummi-, Leim- oder Kaseintempera emulgiert werden. Als Tempera bezeichnet man mannigfaltige Arten von Emulsionen, die eine Mischungsreihe zwischen den Grenzfällen des wäßrigen und des nicht-wäßrigen Bindemittels bilden. Gleichsam in der Mitte dieser Mischungsreihe liegt der Umkehrpunkt, bei dem Wasser-in-Öl-Emulsionen in Öl-in-Wasser-Emulsionen übergehen." Diese Definition von Tempera gibt Hermann Kühn, Farbmaterialien, Pigmente und Bindemittel, in: *Reclams Handbuch der künstlerischen Techniken,* Bd. 1, Stuttgart ²2002, S. 7–54, hier S. 49.

[9] Durch aufwändige Untersuchungen zur Löslichkeit der verwendeten Bindemittel und aufgrund gaschromatographischer Analysen wurde in den meisten Tüchleinmalerei-Werken Leim als hauptsächliches Bindemittel identifiziert, so auch beispielsweise in Dieric Bouts *Grablegung Christi,* siehe David Bomford / Ashok Roy / Alistair Smith, The Techniques of Dieric Bouts: Two Paintings Contrasted, in: *National Gallery Technical Bulletin* 10 (1986), S. 39–57, hier. S. 47. Für eine kurze Geschichte der Temperamalerei siehe Ann Massing, A Short History of Tempera Painting, in: *Making Medieval Art,* hg. v. Phillip Lindley, Donnington 2003, S. 30–41.

[10] Die Definition von Tüchleinmalerei hält sich hier an Rolf E. Straub, Tafel- und Tüchleinma-

hierfür ist Dieric Bouts *Grablegung Christi* (1450–55), bei dem sich der Farbauftrag seinen Weg durch die Leinwand hindurch gebahnt hat und somit nicht nur auf der Rückseite der Originalleinwand zu sehen war, sondern sogar durch die zweite, im Rahmen einer Doublierung hinzugefügten Leinwand hindurch sichtbar wurde.[11] Das Sichtbarwerden des Farbauftrags sowohl auf Vorder- als auch Rückseite verweist sogleich auf das zweite Charakteristikum der Tüchleinmalerei – und damit auf ihre spezifische Funktion. Das Sichtbarwerden des Farbauftrags auf der Rückseite war meist nicht nur ein zufälliger Nebeneffekt, sondern vielfach intendiert und erwünscht, da die Technik der Tüchleinmalerei bei Prozessionsbannern oder auch Fahnen für Festtagsumzüge angewandt wurde.[12] Bei diesem Gebrauch war das beidseitige Abbild des Farbauftrags von großem Vorteil. In vielen Fällen ist dieses Durchscheinen des Farbauftrags in den Werken jedoch leider nicht

lerei des Mittelalters, in: *Reclams Handbuch der künstlerischen Techniken,* Bd. 1, Stuttgart [2]2002, S. 125–260, hier S. 152: „Tüchleinmalereien [...] sind stets auf feinem, ungrundierten Flachsgewebe mit mageren, wasserlöslichen Malfarben ausgeführt, welche bei deckendem Auftrag eine gouache-ähnliche Wirkung ergeben. Sie können aber auch so dünnflüssig sein, daß sie das Gewebe regelrecht anfärben, weshalb ihre Malerei oft auch an der Rückseite zu erkennen ist." Auch in Bomford / Roy / Smith, Techniques (wie Anm. 9), S. 45 wird das Durchtränken der Leinwand mit Farbe als ein charakteristisches Merkmal der Tüchleinmalerei erachtet.

[11] Dieric Bouts, *Grablegung Christi,* Tempera auf Leinwand (Tüchlein), ca. 1450–55, 87,5 x 73,6 cm, London, National Gallery (Inv. 664). Siehe hierzu u. a. die gemäldetechnischen Angaben in Catheline Périer-D'Ieteren, *Dieric Bouts, The Complete Works,* Brussels 2006, S. 239, Kat. 4.

[12] Der Umkehrschluss aber, dass alle Prozessionsbanner automatisch in der eben erwähnten wässrigen Maltechnik mit Leimfarbe ausgeführt wurden, ist jedoch trügerisch und nicht immer korrekt. Die Schwierigkeit der exakten Definition von Tüchleinmalerei zeigt sich am Beispiel eines überlieferten Vertrages zwischen Piero della Francesca und der Bruderschaft der Verkündigung in Arezzo von 1466. Das von der Bruderschaft in Auftrag gegebene Banner sollte laut Vertrag explizit in Öl („lavorato a oglio") gemalt werden, was jedoch der normalerweise bei Bannern und Fahnen in Italien üblichen Ausführung in Leimfarbe, dem sogenannten disstempera, wi-

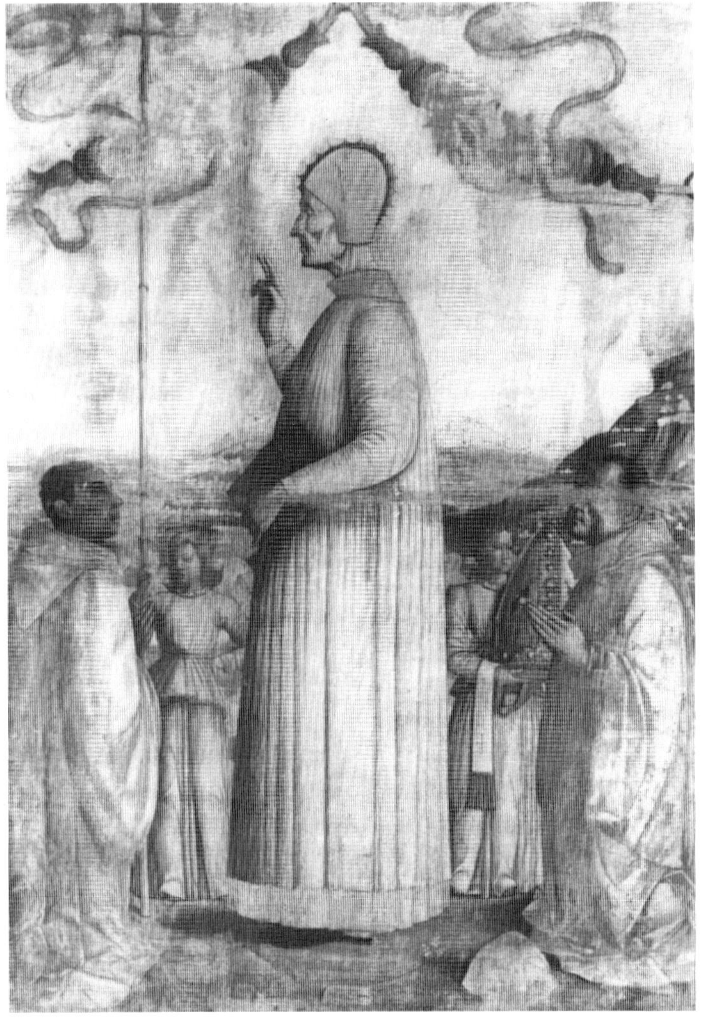

Abb. 1: Gentile Bellini, Il Beato Lorenzo Giustiniani, 1465, Tempera auf Leinwand, 221 x 155 cm, Venedig, Gallerie dell'Accademia (Inv. 593).

derspricht. Zu diesem Werk und dem dazugehörigen Vertrag siehe Hannelore Glasser, *Artists' Contracts of the Early Renaissance,* New York / London 1977, S. 35f. und Appendix V und Jill Dunkerton, Ashok Roy, Uccello's Saint George and the Dragon. Technical Evidence Re-evaluated, in: *National Gallery Technical Bulletin* 19 (1998), S. 26–30, hier S. 28ff. Auch der Bildträger

mehr zu sehen, da, bis auf wenige Ausnahmen, der Großteil dieser Werke im Zuge der Doublierung mit einer weiteren Leinwand rückseitig verstärkt wurde. So bleibt auch bei dem mit großer Wahrscheinlichkeit als Prozessionsbanner geschaffenen Werk Gentile Bellinis, das den heiligen Lorenzo Giustiniani in Profilansicht zeigt, die originale Rückseite aufgrund einer später hinzugefügten Leinwand verborgen (Abb. 1).[13]

Gerade aufgrund dieser Kontextspezifität kann der Tüchleinmalerei auch ein eher zeitlich begrenzter Charakter zugeschrieben werden, da die Werke nach ihrer Verwendung, eben nach besagter Prozession oder Festlichkeit, in den meisten Fällen keine weitere Verwendung fanden. Teilweise wurden die Werke nach Erfüllung ihrer Funktion schlichtweg zerstört oder aber an einem beliebigen Ort gelagert und

---

(„panno lino") wurde in diesem Vertrag spezifiziert und explizit gefordert.

[13] Dieses auf 1465 datierte Werk befindet sich heute in der Gallerie dell'Accademia in Venedig. Im 18. Jahrhundert wurde es bei den Raubzügen Napoleons von seinem ursprünglichen Standort, der Kirche *Santa Maria dell'Orto,* entfernt. Nicht nur aufgrund seines blassen Farbauftrags, sondern auch aufgrund der statischen Haltung und der Profilansicht des heiligen Lorenzo Giustiniani liegt der Schluss, dass dieses Werk ehemals als Banner oder Fahne diente, nahe. Darüber hinaus lassen sich an den beiden oberen Ecken Dekorationen erkennen, die als optische Verlängerung der Fahnenstangen gedeutet werden können. Zwar erachtet Andreas Dehmer in seiner Studie zu italienischen Bruderschaftsbannern die These der Verwendung „für einen prozessionalen Gebrauch [...] aufgrund der ungewöhnlichen Profilstellung der Hauptfigur" als strittig, doch sprechen die „technische[n] und formale[n] Einzelheiten" seines Erachtens ebenso für eine Funktion als Banner, vgl. Andreas Dehmer, *Italienische Bruderschaftsbanner des Mittelalters und der Renaissance,* München / Berlin 2004, S. 251, Anm. 55. Allgemein zum Werk siehe auch Jürg Meyer zu Capellen, *Gentile Bellini,* Stuttgart 1985, S. 39f. Zum Verfahren des Doublierens (franz. doubler – verdoppeln) siehe Jill Dunkerton / Susan Foister / Nicholas Penny (Hg.), Dürer to Veronese, *Sixteenth-Century Painting in The National Gallery,* New Haven / London 1999, S. 268f. und ausführlicher, mit Erläuterungen der einzelnen Arbeitsschritte des Doublierverfahren sowie den entsprechenden Abbildungen, Knut Nicolaus, *Handbuch der Gemälderestaurierung,* Köln o. J., S. 117–132 sowie Ingo Sandner, *Die Konservierung von Leinwandbildern,* Dresden

für einen etwaigen weiteren Verwendungszweck aufbewahrt. Dies wird mitunter ein Grund sein, warum nur wenige dieser textilen Werke überliefert sind. Ein weiterer Grund für die geringe Anzahl heute noch erhaltener Tüchleinmalerei ist aber auch die gegenüber der Verwitterung sehr anfällige Maltechnik der wässrigen Leimfarbe, die nur sehr dünn aufgetragen wurde und dem Werk damit weder Stabilität noch Schutz gab.[14] Denn Leinwandmalerei, oder ganz allgemein Malerei auf textilem Untergrund, um die es im Folgenden hauptsächlich gehen wird, ist im Grunde genommen alles andere als ephemer. Rein theoretisch gesehen haben Leinen und Flachs eine ‚Lebenserwartung'

1982, S. 55ff. zur Geschichte der Doublierung. Jill Dunkerton verdeutlicht den – teilweise gravierenden – Schaden an den Gemälden, die auf diese Weise ‚konserviert' wurden: „Further damage can be attributed to the activities of restores, or to the use of harsh cleaning methods, but especially to the techniques used for relining canvas paintings, that is the backing of a decayed and brittle canvas with a new canvas to support it. In the past, water-based flour-paste and animal-skin glues were used and adhesion was achieved by ironing the painting, usually from the front, with heavy irons that, before the days of thermostatically controlled electric irons, were flat irons heated over ranges and hot coals. Any miscalculation and the paint surface was frizzled and burnt, and the texture, whether in the paint layers or that of the canvas support, was altered and flattened. Lining damage often abrades the paint from the raised part of the canvas weave, leading to a spottiness and blurring of the image that can be difficult to distinguish from a deliberate softening of modelling and outlines by the artist." Vgl. Jill Dunkerton, Developments in colour and texture in Venetian painting of the early 16th century, in: *New Interpretation of Venetian Renaissance Painting,* hg. v. Francis Ames-Lewis, London 1994, S. 63–76, hier S. 64.

[14] Vgl. Dunkerton / Foister / Penny, Dürer to Veronese (wie Anm. 13), S. 265–270. Das eben besprochene Werk Gentile Bellinis beispielsweise, das Lorenzo Giustiniani zeigt, nahm aufgrund falschen Lagerns großen Schaden. Es wurde schlichtweg wie eine Art ‚Taschentuch', ähnlich nach der von Sandrart beschriebenen ‚Manier eines Serviets' (siehe Anm. 42), gefaltet. Die Annahme, dass diese Faltmethode angewandt wurde, wird durch die sichtbaren Spuren von Wasserflecken an allen vier Ecken bestätigt, die aufgrund des Faltens in ihrer Ausformung exakt gleich gespiegelt sind. Siehe hierzu das Kapitel Gentile Bellini: Il beato Lorenzo Giustiniani, in: *Capolavori Restaurati, Le Gallerie dell'Accademia e Save Venice Inc.,* hg. v. Giulio Manieri Elia u. Erika Bianchini, Venezia 2010, S. 84–100.

von bis zu 1 000 Jahren.[15] Dass die meisten Werke jedoch nicht einmal annähernd so lange überleben wie es rein von der Haltbarkeit des Materials aus möglich wäre, zeigt sich wiederum in den folgenden Ausführungen, die die frühen Anfänge der Leinwandmalerei in Italien nachzeichnen.

‚Ewige' Materialien und ihre Vergänglichkeit

Am 1. September 1474 erging in Venedig an Gentile Bellini der Auftrag, den Bilderzyklus im Großen Ratssaal des Dogenpalastes zu restaurieren.[16/17] An dem von Gentile da Fabriano 1409 begonnenen und von Pisanello im Jahre 1422 vollendeten Freskenzyklus hatte der Zahn der Zeit, oder vielmehr das feuchte, salzhaltige Klima der Lagunenstadt, das als Zeitbeschleuniger wirkte, seine Spuren hinterlassen. Die von der Feuchtigkeit angegriffenen Bilder waren beinahe vollständig von der Wand abgefallen, so dass sie von den Bellini-Brüdern nicht einfach wie gefordert restauriert, sondern, wie Norbert Huse betont,

---

[15] Gerald W.R. Ward (Hg.), Art. „canvas", in: *The Grove Encyclopedia of Materials and Techniques in Art,* Oxford 2008, S. 78–83, hier S. 79.

[16] „del reconzar et reparar le figure et penture dela predicta [sala] et refar dove bisognera", Abschriften der Originaldokumente des Auftrages und der folgenden Verhandlungen finden sich bei Giambattista Lorenzi, *Monumenti per servire alla storia, Del Palazzo Ducale di Venezia, Parte I dal 1253 al 1600,* Venezia 1868, S. 85ff., Patricia Fortini Brown, *Venetian Narrative Painting in the Age of Carpaccio,* New Haven 1988, S. 273 und Meyer zu Capellen, Gentile Bellini (wie Anm. 13), S. 108, Dokument 11. Siehe hierzu u. a. die Anmerkung in Oskar Bätschmann, *Giovanni Bellini. Meister der Venezianischen Malerei,* München 2008, S. 222, Anm. 78.

[17] Gentile Bellinis bereits begonnene Arbeit musste jedoch ab 1479 von seinem Bruder Giovanni übernommen werden, da Gentile nach Konstantinopel berufen wurde. Nach Gentiles Tod 1506 führte Giovanni den Auftrag dann auch vollständig zu Ende; siehe hierzu Norbert Huse, *Studien zu Giovanni Bellini,* Berlin / New York 1972, S. 57.

„völlig neu gemalt“[18] wurden. Bereits im Jahre 1456, also nur 34 Jahre nach ihrer Fertigstellung, wies Bartolomeo Facio in seiner Schrift *De viris illustribus* auf den hohen Grad der Zerstörung der Fresken in der Sala del Maggior Consiglio hin und gibt Auskunft darüber, dass das Werk Gentile da Fabrianos „wegen der Beschädigung der Wand [...] nahezu völlig verschwunden“[19] ist.[20]

Nicht nur wurde Gentile Bellini zu Beginn des Auftrags dazu verpflichtet, sich Zeit seines Lebens um die Instandhaltung der Werke zu kümmern, er versprach sogar, wie uns Domenico Malipiero in seinen *Annali veneti dall'anno 1457 al 1500* berichtet, dass diese von ihm geschaffenen Werke mindestens 200 Jahre halten würden.[21/22] Wie wir

[18] Huse, Studien (wie Anm. 17), S. 57. Allerdings merkt Wolfgang Wolters an, dass „restaurare in Venedig meist einem völligen Neumalen gleichkam“; vgl. Wolfgang Wolters, Der Programmentwurf zur Dekoration des Dogenpalastes nach dem Brand vom 20. Dezember 1577, in: *Mitteilungen des Kunsthistorischen Institutes in Florenz* 12 (1966), H. 3/4, S. 271–318, hier S. 278.

[19] Die Rede ist hier von einem Fresko Gentile da Fabrianos, das eine Schlachtenszene darstellte; zu Facios Äußerung siehe Bätschmann, Giovanni Bellini (wie Anm. 16), S. 32f. und auch Michael Baxandall, Bartholomaeus Facius on Painting, A Fifteenth-Century Manuscript of the *De Viris Illustribus*, in: *Journal of the Warburg and Courtauld Institutes* 27 (1964), S. 90–107, hier S. 100f.

[20] Interessant ist, dass bereits die Fresken von Pisanello und Gentile da Fabriano in Auftrag gegeben wurden um diejenigen Werke zu ersetzen, die sich zuvor an gleicher Stelle befanden, aber, wie Wickhoff berichtet, „zusehends verdarben“: „Es ist natürlich, dass die Hofwand, die den Oeffnungen des Saales gegenüber lag, nachdem sie fast 40 Jahre der Seeluft, die durch die unverschlossene Balconthüre eindringen konnte, ausgesetzt war, beschädigt und feucht wurde, so dass trotz der Ausbesserung von 1409 einzelne Gemälde zusehends verdarben.“ Wickhoff, Der Saal (wie Anm. 1), S. 20.

[21] „e ha promesso che la durerà 200 anni“, Malipiero beschreibt an gleicher Stelle auch den Schaden an den Wandmalereien: „È stà principià a restaurar la depentura del conflitto dell'armada della Signoria con quella de Ferigo Barbarossa, in sala del Gran Conseio, perchè la era cascà dal muro, da humidità e da vechiezza.“ Vgl. Meyer zu Capellen, Gentile Bellini (wie Anm. 13), S. 108, Dokument 11., 1474.

[22] Dazu auch Jennifer Fletcher, I Bellini, in: *La Bottega dell'artista tra medioevo e rinascimento,* hg. v. Roberto Cassanelli, Milano 1998, S. 131–153, hier S. 138.

an diesem Versprechen erkennen können, war der Wunsch nach Werken, die nicht nur die Lebensspanne des Künstlers und vor allem auch des Auftraggebers überdauern würden, sondern noch weit in die Zukunft hinein existieren und als visuelle Manifestation der Macht gelten würden, überaus groß.

Dass Kunstwerke der frühen Neuzeit weitestgehend mit Dauer und Beständigkeit, zumindest aus Sicht des Materials, in Verbindung gebracht werden, zeigt ein ähnlich eindrückliches Beispiel eines Versprechens, das Albrecht Dürer 1509 seinem Kunden und Auftraggeber Jakob Heller in einem Brief gab. Nicht weniger als 500 Jahre, so versichert Dürer recht selbstbewusst, solle der Altar überdauern, den er für Heller anfertigte.[23] Wenn wir uns vor Augen halten, dass zu Dürers Zeiten die durchschnittliche Lebenserwartung in Deutschland bei rund 25 bis 35 Jahren lag, bekommt das ‚Haltbarkeitsversprechen' von 500 Jahren, also etwa dem 14-fachen der durchschnittlichen Lebenserwartung zur damaligen Zeit, eine beinahe unwirkliche Konnotation.[24] Getreu der Ironie des Schicksals ging der sogenannte *Heller-Altar*

---

[23] „Sie [die Altartafel] ist mit gutem Ultramarin unter- uber- und ausgemalt, etwa fünf oder sechs Mal. Und da sie schon ausgemacht war, habe ich sie danach noch zweifach übermalt, auf dass sie lange Zeit währe. Ich weiss, dass Ihr sie sauber haltet, dass sie 500 Jahre sauber und frisch sein wird." Albrecht Dürer in einem Brief vom 26. August 1509 an seinen Auftraggeber Jakob Heller, vgl. Albrecht Dürer, *Schriften, Tagebücher, Briefe,* Bd. 1, hg. und eingel. v. Max Steck, Stuttgart 1961, S. 138.

[24] Hier muss allerdings erwähnt werden, dass sich dieser niedrige Durchschnittswert von 25 – 35 Jahren aus der damals extrem hohen Säuglings- und Kindersterblichkeitsrate ableitet. Meist erreichte nur weniger als die Hälfte aller lebendgeborenen Kinder das zeugungsfähige Alter. Kamen sie über diese kritische Schwelle des Kindesalters hinaus, bestand eine „gute Chance, ein Alter von über sechzig Jahren zu erreichen." Winfried Schulze, *Deutsche Geschichte im 16. Jahrhundert, 1500 – 1618,* Frankfurt a. M. 1987, S. 27. In einer aktuell erschienenen Studie zu den Lebenserwartungen von Künstlern zwischen dem 15. und 20. Jahrhundert wird für die vor 1500

knapp 200 Jahre später bei einem Brand in der Münchner Residenz 1729 verloren und das Werk ist heute nur noch in Form einer Kopie aus dem frühen 17. Jahrhundert überliefert.[25]

Auch das Versprechen Bellinis erwies sich bereits weniger als ein Jahrhundert später als unhaltbar, da die gesamten Werke des Großen Ratssaals, und darunter eben auch die Leinwände der Bellini-Brüder, dem großen Brand im Palazzo Ducale von 1577 zum Opfer fielen und allesamt in Flammen aufgingen.[26]

Über die Gründe für Bellinis Wahl eines textilen Bildträgers wird bis heute spekuliert und es existieren ganz unterschiedliche Meinungen hierzu. Es ist hier zu erwähnen, dass die einzige Maltechnik, in der Jacopo Bellini seine Söhne Gentile und Giovanni nicht unterrichtet hatte, die Freskomalerei war.[27] Hielt Jacopo diese Technik sowohl der Tafelmalerei als auch der Zeichnung gegenüber für nicht gleichwertig oder können wir daraus bereits ablesen, dass er für die Malerei *al fresco* in Venedig keine Zukunft sah und seine Söhne daher nicht in einer Technik unterweisen wollte, der er weder Beständigkeit noch Überleben zusprach?

---

geborenen (männlichen) Künstler eine durchschnittliche Lebenserwartung von 43 Jahren angegeben. Siehe hierzu Frans van Poppel, Dirk J. van de Kaa, Govert E. Bijwaard, Life expectancy of artists in the Low Countries from the fifteenth to the twentieth century, in: *Population Studies, A Journal of Demography* 67 (2013), H. 3, S. 275 – 292, hier S. 279, Tabelle 2.

[25] Diese 1615 von Jobst Harrich angefertigte Kopie des sogenannten Heller-Altars befindet sich heute im Städel Museum in Frankfurt a. M.

[26] Auch die Werke von Tizian, Jacopo Tintoretto und Paolo Veronese, die sich alle im Großen Ratssaal befanden, wurden durch das Feuer vom 20. Dezember 1577 vollständig zerstört, siehe hierzu Wolfgang Wolters, *Der Dogenpalast in Venedig, Ein Rundgang durch Kunst und Geschichte,* Berlin / München 2010, S. 5.

[27] Vgl. Jennifer Fletcher, I Bellini (wie Anm. 22), S. 138. Führt man den Gedanken von Fletcher weiter, würde dies bedeuten, dass die Bellini-Brüder, da sie in der Freskomalerei nicht geschult waren, diese Technik für besagten Auftrag auch nicht wählen konnten.

Sowohl Huse als auch Wolters berichten, dass „die Fresken durch Leinwandbilder in Öltechnik ersetzt [wurden], die dem venezianischen Klima besser standhalten".[28] Wickhoff dagegen sieht den Grund für die „Neuausmalung des Großen Saales" darin, dass „die bewunderten Oelbilder der Bellini [...] den Wunsch erregt [hätten], die Gelegenheit so seltener Meisterschaft zum Schmucke des grossen Saales zu benützen".[29] Weder in dem Auftrag selbst noch in der Bestätigung des Auftrags durch den Großen Rat am 21. September 1474 wird die Art und Weise des zu verwendenden Bildträgers gefordert oder näher ausgeführt. In beiden Dokumenten ist lediglich von der Bezahlung der Farben und der weiteren benötigten Materialien die Rede.[30/31]

Aber kommen wir zurück zu der Vergänglichkeit, oder besser gesagt der Fragilität und geringen Lebensdauer, die die Freskomalerei in Venedig mit sich führte und dadurch ausschlaggebend für diesen Auftrag war. Denn nicht nur Gentile Bellini war sich der schlechten

[28] Huse, Studien zu Giovanni Bellini (wie Anm. 17), S. 57.

[29] Wickhoff, Der Saal (wie Anm. 1), S. 24.

[30] „la spexa di colori et altre Cose necessarie in tal opera", vgl. den Wortlaut des Auftrags an Gentile Bellini vom 1. September 1474, abgedruckt in Meyer zu Capellen, Gentile Bellini (wie Anm. 13), S. 107, Dokument 9. In der Auftragsbestätigung vom 21. September (Dokument 10) ist ebenfalls nur von der Bezahlung der Farben und anderen benötigten Materialien die Rede, nicht aber von der Beschaffenheit des zu verwendenden Bildträgers: „qui sibi providere debeant expensis nostris de coloribus et aliis rebus ad id opus necessariis".

[31] So finden sich in Verträgen zwischen Künstler und Auftraggeber immer wieder Hinweise auf die zu verwendenden – und vom Auftraggeber gewünschten – Malmaterialien: Leonardo da Vinci etwa wurde 1483 explizit aufgefordert, die in Mailand in Auftrag gegebene *Felsgrottenmadonna* in Öl zu malen: „facta aolio in tucta perfetione", siehe hierzu Glasser, Artists' Contracts (wie Anm. 12), S. 36. Vor 1500 beziehen sich die Angaben zum Material jedoch meist auf die zu verwendenden Farben, nicht aber auf den Bildträger.

Haltbarkeit von Fresken in Venedig schmerzlich bewusst, wie wir meiner Meinung nach an seiner Wahl des textilen Bildträgers für die Neuanfertigung des Bilderzyklus im Großen Ratssaal erkennen können. Auch Giorgio Vasari wies in Anbetracht seines Aufenthaltes in Venedig im Jahre 1541 auf die zerstörerisch wirkenden klimatischen Bedingungen der Lagunenstadt für die Freskomalerei hin, indem er mit Blick auf Giorgiones Arbeiten an der Außenfassade des Palazzo Soranzo am Campo S. Polo sein Bedauern über das Verschwinden selbiger zum Ausdruck bringt:

> Giorgione fand großes Gefallen an der Freskomalerei und unter den zahlreichen Werken, die er ausführte, fand sich die Ausmalung der Fassade Ca Soranzos in der Piazza San Polo. Auch gibt es eine Darstellung des Frühlings, die, wie mir erscheint, zu den schönsten seiner Wandmalereien zählt und es ist ein Jammer, daß die Zeit dieses Werk so grausam angegriffen hat. Ich selbst kann mir nichts Schädlicheres für die Freskoarbeit vorstellen als die Schirokko-Winde, vor allem in der Nähe der Meeresküste, wo sie stets salzige Rückstände mit sich führen.[32]

Auch in der kurzen Lebensbeschreibung Paolo Veroneses äußert Vasari seine Bedenken gegenüber der Haltbarkeit von Fresken in der Lagu-

[32] Giorgio Vasari, *Das Leben des Giorgione, Correggio, Palma il Vecchio und Lorenzo Lotto,* hg. v. Alessandro Nova, Berlin 2008, S. 21f. Das Originalzitat lautet: „Dilettossi molto del dipignere in fresco, e fra molte cose che fece, egli condusse tutta una facciata di Ca' Soranzo in su la piazza di San Polo, ne la quale, oltra molti quadri e storie et altre sue fantasie, si vede un quadro lavorato a olio in su la calcina: cosa che ha retto all'acqua, al sole et al vento e conservatasi fino a oggi. Ècci ancora una Primavera, che a me pare delle belle cose che e' dipignesse in fresco, ed è gran peccato che il tempo l'abbia consumata sì crudelmente; et io per me non trovo cosa che nuoca più al lavoro in fresco che gli scirocchi, e massimamente vicino a la marina, dove portono sempre salsedine con esso loro." Vgl. Giorgio Vasari, Giorgione da Castelfranco, Pittor Veneziano, in: ders. *Le vite de' più eccellenti pittori scultori e architettori,* Bd. 4, hg. v. Rosanna Bettarini u. Paola Barocchi, Firenze 1976, S. 44. Zu einer genaueren Rekonstruktion Vasaris Aufenthaltes in Venedig siehe unter anderem Juergen Schulz, Vasari at Venice, in: *The Burlington Magazine* 103 (1961), S. 500–511.

nenstadt: „Ebenso bemalte er die Fassade eines zwischen San Maurizio und San Moisè gelegenen Hauses, das einem Kaufmann gehört, mit Fresken. Dies war ein wunderschönes Werk, doch wird der Seewind es nach und nach aufzehren."[33] Vasari sollte mit seiner Aussage bezüglich der Fragilität von Fresken in Venedig leider Recht behalten, denn auch dieser Fassadenschmuck aus der Hand Veroneses ist heute nicht mehr erhalten.[34]

In Anbetracht der hier geschilderten zerstörerischen Bedingungen für die Wandmalerei in Venedig wird deutlich, warum es notwendig war, ein geeignetes Substitut für die Freskomalerei, die sich in den anderen Teilen Italiens auch noch Jahre später einer ungebrochenen Beliebtheit und Prominenz erfreute, zu finden. Somit entstanden die teleri, großformatige Leinwände, die mittels Spannrahmen in den Innenräumen, an Wänden und Decken der Kirchen, den Versammlungshäusern der venezianischen Bruderschaften (scuole) und anderen Gebäuden der Stadt angebracht wurden.[35] Bereits 1466 wurde Gen-

[33] Vasari, *Die Leben des Sansovino und des Sanmicheli mit Ammannati, Palladio und Veronese,* hg. v. Alessandro Nova, Berlin 2007, S. 119. Das Originalzitat lautet: „Similmente dipinse, per andare a San Maurizio da San Moisè, la facciata a fresco della casa d'un mercatante, che fu opera bellissima: ma il marino la va consumando a poco a poco." Siehe hierzu die entsprechenden Angaben Vasaris zu Veronese in Giorgio Vasari, Vita di Michele San Michele, Architettore veronese, in: ders., *Le vite de' più eccellenti pittori scultori e architettori,* Bd. 5, hg. v. Rosanna Bettarini u. Paola Barocchi, Firenze 1984, S. 378. Zu Venedigs Bauschmuck in Form von Fresken siehe auch Wolfgang Wolters, *Architektur und Ornament, Venezianischer Bauschmuck der Renaissance,* München 2000, S. 73–94.

[34] Siehe hierzu auch Vasari, Sansovino (wie Anm. 33), S. 246, Anm. 169 und allgemein zum Verfall der Fassadenmalerei siehe Wolters, Architektur und Ornament (wie Anm. 33), S. 73–98.

[35] In dem vom *L'Istitituto per l'Arte e il Restauro* in Florenz herausgegebenen *Glossario delle tecniche pittoriche e del restauro* findet sich unter dem Eintrag telero folgende Beschreibung: „Dal veneto teler (telaio), indica una grande composizione eseguita su tela ed applicata al muro. L'uso dei teleri è particolarmente documentato in ambito veneto dalla fine del XV secolo, dove è scelto

tile Bellini damit beauftragt, zwei dieser *teleri* für die Scuola Grande San Marco anzufertigen. Der textile Bildträger wurde, ganz im Gegenteil zu dem später folgenden Auftrag für den Großen Ratssaal von 1474, explizit im Auftrag vermerkt und seitens des Auftraggebers vom Künstler eingefordert.[36]

Als eines der berühmtesten erhaltenen Beispiele für eine Decken- und Wandverkleidung mittels *teleri* wäre hier Tintorettos imposanter Bilderzyklus in der Scuola Grande di San Rocco sowohl in der Sala dell' Albergo als auch in der Sala Superiore zu nennen. Wandmalereien waren nur von kurzer Lebensdauer und Holztafeln boten aus mehreren Gründen keinen adäquaten Ersatz für die Fresken. Bei der Bevorzugung des textilen Bildträgers spielte natürlich auch das geringe Gewicht der Leinwände, das einen klaren Vorteil gegenüber den massiven und schweren Holztafeln bedeutete, eine wichtige Rolle. Die fer-

in sostituzione dell'affresco o di altri generi di pittura murale facilmente alterabili a causa dell'alto tasso di salinità degli ambienti." Vgl. Claudio Paolini / Manfredi Faldi (Hg.), *Glossario delle tecniche pittoriche e del restauro,* Firenze 1999, S. 227.

[36] Siehe hierzu den Wortlaut des Auftrags der Scuola Grande San Marco an Gentile Bellini vom 15. Dezember 1466, abgedruckt in Meyer zu Capellen, Gentile Bellini (wie Anm. 13), S. 106, Dokument 6: „[...] do teleri de pentura suso terlisse i qual teleri lui a nele man suso i qual el de far suso uno listoria [...]".Wurde dem Künstler aber freie Hand in der Wahl des Malgrundes gelassen, so kann dies als Anhaltspunkt für eine beginnende Akzeptanz seitens der Auftraggeber für den textilen Bildträger gelten, so wie in folgendem Beispiel deutlich wird. Nach zähen Verhandlungen zwischen Isabella d'Este und Giovanni Bellini über das Bildthema des Auftrages für ihr *studiolo* gab sie dem Künstler letztendlich freie Hand in der Wahl des Malgrundes, wie aus dem Brief an Michele Vianello vom 22. November 1502 ersichtlich wird: „[...] Del modo del dipingere o in tela o in legno, ne remetemo a lui, purché'l sii de la mensura et grandeza che vi mandassimo." Clifford M. Brown / Anna Maria Lorenzoni, *Isabella d'Este and Lorenzo da Pavia. Documents for the History of Art and Culture in Renaissance Mantua,* Genève 1982, S. 165 . Auch wenn Isabella d'Este Bellini in diesem Fall die Wahl des Bildträgers überlässt, so spricht sie sich an anderer Stelle deutlich gegen seinen Vorschlag aus, die bereits für den vorigen Auftrag – der nicht ausgeführt wurde, da Bellini ihn wegen der Abänderungen des Bildthemas gar nicht erst

tigen Leinwandgemälde konnten aufgrund ihres geringen Gewichtes in „schwierigen architektonischen Zusammenhängen problemlos“[37] angebracht werden, so auch besonders in den für Venedig typischen Deckenkonstruktionen.[38] Nicht nur die Fresken wurden von den Leinwänden – in Form von *teleri* – abgelöst, sondern auch die Holztafel wurde als primärer Bildträger in Venedig durch die Leinwand verdrängt. Die Beständigkeit der Leinwände gegenüber dem maritimen venezianischen Klima und das geringere Gewicht waren jedoch nicht die einzigen Vorteile gegenüber den Fresken und Holztafeln, wie von Künstlern und Auftraggebern des ausgehenden Quattrocento schnell erkannt wurde. 1491 berichtet Bernardino Ghisulfos in einem Brief an Marchese Francesco über Mantegnas zu seiner damals in Arbeit befindlichen Serie *Cäsars Triumphzug* für den Hof zu Mantua, „dass jeder Experte in dieser Kunst [die Leinwandmalerei] für schneller, schöner und dauerhafter“ als andere Methoden hielte.[39] Mantegna al-

---

begonnen hatte – präparierte Leinwand zu verwenden; vgl. ebd. S. 136 und Rona Goffen, *Renaissance Rivals, Michelangelo, Leonardo, Raphael, Titian,* New Haven / London 2002, S. 13.

[37] Bruno Heimberg, „Nostro Apelle Novello“, Tintoretto und die Italienische Staffeleimalerei vom 13. bis 16. Jahrhundert, in: *Tintoretto, Der Gonzaga-Zyklus,* Ausst. Kat. Bayrische Staatsgemäldesammlung Alte Pinakothek München, München 2000, S. 227–237, S. 233.

[38] Zu den Vorteilen von Leinwand gegenüber Holz in Bezug auf Transport, Klima usw. siehe unter anderem Giorgio Vasari, *Einführung in die Künste der Architektur, Bildhauerei und Malerei (1568),* erstmals übers. und komm. v. Victoria Lorini u. Matteo Burioni, hg. v. Alessandro Nova, Berlin 2006, S. 118.

[39] „Francesco [Mantegna?] et tondo in sieme anchora lor comenzarono a dipinger quelli trionfi i quali a lor ge par farli suso le tele secondo a facto M. Andrea Mantegna, et dicono che cusi facendo farano piu presto e saranno piu belle et piu durabile et anchora questo dice ognuno experto In tal exercitio.“ Abgedruckt in Paul Kristeller, *Andrea Mantegna,* Berlin / Leipzig 1902, S. 550, Dok. 111; vgl. auch Andrew Martindale, *The triumphs of Caesar by Andrea Mantegna in the collection of Her Majesty the Queen at Hampton Court,* London 1979, S. 182, Dok. 4.

lerdings gehörte zu den wenigen Künstlern, denen es anscheinend keine Schwierigkeiten machte, auf ganz unterschiedlichen Bildträgern zu arbeiten, wie aus einem Brief von ihm an seinen Auftraggeber Marchese Lodovico von 1477 ersichtlich wird. Dem Künstler war es gleich, ob er den Auftrag nun auf Holz oder auf Leinwand ausführen solle. Allerdings spricht Mantegna in seinem Schreiben die Empfehlung aus, dass man für die Werke, falls sie in weite Entfernung verschifft werden sollten, doch besser feines Leinen als Malgrund verwenden sollte, da dieses dann auf einen kleinen Stab gerollt werden könnten.[40]

Weitere Vorteile des textilen Bildträgers gegenüber anderen Materialien waren ökonomischer und praktischer Art. Ökonomisch betrachtet waren Leinwände um ein vielfaches günstiger als Holztafeln, und auch der Transport war durch das geringe Gewicht und die Tatsache, dass Werke auf Leinwand in gerolltem Zustand an ihren Standort gebracht und erst vor Ort auf ihre hölzernen Spannrahmen gezogen werden konnten, sowohl billiger und praktikabler als auch – im Hinblick auf transportbedingte Beschädigungen – sicherer.[41]

[40] „suso tela sotile per poterli avoltare suso un bastonzelo", Andrea Mantegna in einem Brief an seinen Auftraggeber Marchese Lodovico vom 6. Juli 1477, abgedruckt in Paul Kristeller, *Andrea Mantegna*, Berlin / Leipzig 1902, S. 534: „Ill[me] et Ex. S. mio [...] in che modo habia a fare, o solamente disegn[a]ti o coloriti in tavola o in tela e de che statura. Se la S. vostra li volesse mandare lontano se [posso] no (?) farli suso tela sotile per poterli avoltare suso un bastonzelo. [...] mi governero chome parera a quele, aspetaro de intendere et di avere o tavolete oli telerati chio posa dare principio aditi ritratj. Mi racomando ala I. S. vostra de la Excia Vostra el disipolo Andrea Mant. die 6 Julij 1477." Eine englische Übersetzung dieses Briefes findet sich in Creighton E. Gilbert / H. W. Janson (Hg.), *Italian Art 1400–1500,* New Jersey 1980, S. 12.

[41] Siehe hierzu auch die vielzitierte Stelle bei Vasari in seiner *Introduzione der Vite-Ausgabe* von 1568. In Kapitel 23 („Del dipignere a olio su le tele") schreibt er darüber, dass die Leinwände ‚erfunden' wurden um die Werke leichter von Ort zu Ort tragen zu können: „Gli uomini, per potere portare le pitture di paese in paese, hanno trovato la commodità delle tele dipinte, come

Dass man aber auch beim Transport der Leinwände eine gewisse Vorsicht walten lassen musste, davon zeugt ein anschauliches Beispiel vom Versand eines Tizian-Gemäldes an den königlichen Hof Englands. In besagtem Fall wurde das Gemälde nicht gerollt, sondern schlichtweg „nach Manier eines Serviets“[42] gefaltet und anschließend in eine Kiste gelegt, wie uns Joachim von Sandrart in seiner *Teutschen Academie* eindrücklich vor Augen führt:

> Es hat aber auf solchen Kunst-Handel sich nicht wohl verstanden/ ein fürnehmer Englischer Cavallier. Dieser suchte seines von der Italiänischen Reise zurücke-kommenden Königs Gnade zu erlangen/ und erkaufte zu Venedig ein alte fürtreffliche und lang verlangte Maria Magdalena/ der allerbästen Arbeit vom Titian, dem König solche zu praesentiren. Solches nun zeitlich bey der stelle zu haben/ gienge er mit seinem Hofmeister/ der gleichfalls von der Kunst wenig Verstand hatte/ zu raht/ wie solches Bild auf der Post mit zu überbringen wäre? Sie wurden der Sache also einig/ und ließen eine blecherne viereckichte Büchs verfärtigen/ legten das Gemähl/ nach Manier eines Serviets zusammen/ steckten es in die Büchse/ und nahmen es also mit zu Pferde. Weil aber dasselbe auf Tuch/ welches mit Kreide gegründet/ gemahlt ware/ zersprange es/ an unterschiedlichen Orten/ und kame also dem König/ im aufmachen/ ganz verderbt und häßlich vor augen. Also eroberte ermeldter Cavallier/ an statt der hiermit gesuchten Gnade/ des Königs große Ungnade: welcher ihme/ um dieser Einfalt willen/ gar den Zutritt bey Hof versaget.[43]

Natürlich war das Gemälde, oder besser gesagt dessen Farbschicht, aufgrund des Faltens bei der Ankunft völlig zerstört. Auch von anderen

quelle che pesano poco et avolte sono agevoli a traportarsi. [...] E perché questo modo è paruto agevole e commodo, si sono fatti non solamente quadri piccoli per portare attorno, ma ancora tavole da altari et altre opere di storie grandissime [...].“ Vgl. Giorgio Vasari, Introduzione alle tre arti del disegno: della pittura, in: ders., *Le vite de' più eccellenti pittori scultori e architettori,* Bd. 1 (Testo), hg. v. Rosanna Bettarini u. Paola Barocchi, Firenze 1966–1987, S. 136f.

[42] Joachim von Sandrart, *Teutsche Academie,* TA 1675, Lebenslauf, S. 7, http://ta.sandrart.net/-text-625 vom 12.03.2014.

[43] Sandrart, Teutsche Academie (wie Anm. 42), S. 7.

Werken Tizians, die durch falschen Transport Schaden nahmen, wird berichtet.[44] Philip II. schreibt in einem Brief an seinen Botschafter in Venedig, Francisco Vargas, dass Tizians Gemälde des Adonis nun bei ihm eingetroffen sei. Er lobt die Ausführung des Werkes sehr, moniert aber, dass eine Knickfalte, die durch die Mitte der Leinwand verläuft, das gesamte Gemälde verunstalte, und fordert daher eine gründliche Nachbearbeitung und Ausbesserung seitens des Künstlers.[45] Diese Knickfalte im Gemälde, die Philip II. in seinem Brief beanstandet, ist auch heute noch deutlich zu sehen (Abb. 2).

Diese Beispiele verdeutlichen einmal mehr die anfängliche Unwissenheit, wie man mit dem neuen Material Leinwand und dessen Vorteilen, wie etwa den Transportmöglichkeiten, umzugehen hatte. Konnte man Prozessionsbanner, Fahnen oder andere ‚Tüchleinmalereien', die ohne Grundierung auskamen und in wässrigem Farbauftrag gemalt wurden, teilweise gefaltet für etwaige zukünftige Verwendungszwecke aufbewahren, so war diese Methode für Werke in Öl auf Leinwand aufgrund der Grundierung kaum möglich.

---

[44] „[…] more than one painting by Titian needed restoration on delivery" schreibt etwa Jill Dunkerton, Developments (wie Anm. 13), S. 64.

[45] In einem Brief vom 6. September 1554 schreibt Philip II.: „El quadro de *Adonis* que acabó Ticiano ha llegado aqui, y me paresce de la perficion que dezis, aunque vino maltratado de un doblez que traya al traves por medio del, el qual se desvio hazer al cogelle; verse ha el remedio que tiene; los otros quadros que me haze le dad prissa que los acabe, y no me los embieis, sino avisadme cuando estuvieren hechos para que yo os mande lo que se avrá de hazer dellos […]." Das Originaldokument befindet sich im Archivo General de Simancas, Spanien, Estado, leg. 1498, f. 17; entsprechende Stelle wird zitiert von Annie Cloulas, Documents Concernant Titien Conservés aux Archives de Simancas, in: *Mélanges de la Casa de Velazquez 3* (1967), S. 197–288, hier S. 227. Diese Knickfalte in der Leinwand, von der Philip II. schreibt, ist auch heute noch deutlich zu sehen.

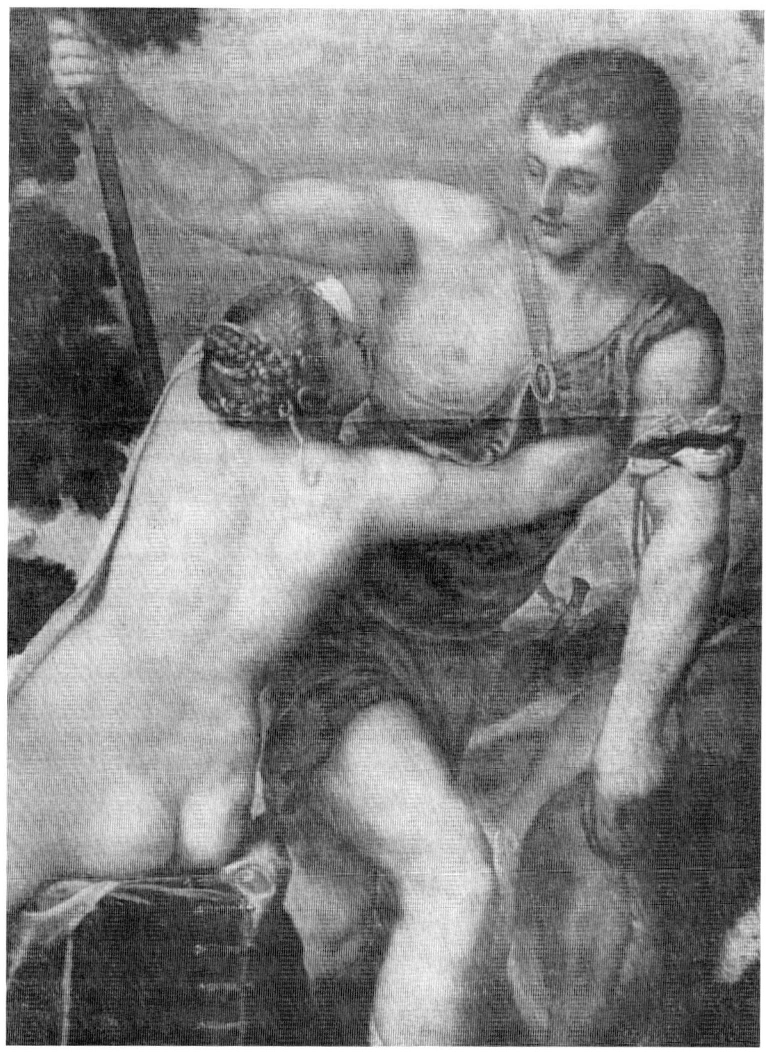

Abb. 2: Tizian, *Venus und Adonis* (Detail mit querverlaufender Knickfalte in der Leinwand), 1554, Öl auf Leinwand, 186 x 207 cm, Madrid, Museo Nacional del Prado.

„Materialsublimierung", oder: Die Negierung des Bildträgers

Das textile Material Leinwand als Bildträger wurde, wie von Sandrart beschrieben, in einigen Fällen wie normaler Stoff behandelt. In anderen Fällen hingegen lässt sich erkennen, dass viele Künstler das neue Material zwar verwendeten, sich dessen Materialität und spezifisch stoffliche Eigenschaft, wie etwa Textur und Struktur der Oberfläche, gar nicht zu eigen machten. Zu Beginn des 16. Jahrhunderts war es unter einigen Malern Venedigs durchaus noch üblich, die Leinwand und deren Textur völlig zu negieren, indem sie ähnlich präpariert wurde wie zuvor die Holztafeln. Diese „Materialsublimierung"[46] äußerte sich darin, dass die Leinwand mit einer sehr dicken Schicht aus einem Kreidegemisch *(gesso)* grundiert wurde, um die Zwischenräume, die durch Überlappung von Kett- und Schussfaden beim Weben entstehen, auszufüllen. Im Anschluss daran wurde die getrocknete Schicht geschliffen und glatt poliert, um etwaige Unebenheiten auszumerzen. Danach konnte eine weitere Lage *gesso* aufgetragen und wiederum poliert werden. Dieser Vorgang wurde solange wiederholt, bis das gewünschte Ergebnis einer glatten Oberfläche erreicht wurde. Dadurch entsprach die Oberfläche beim späteren Farbauftrag viel eher der einer, ganz ähnlich präparierten, planen Holztafel als einer Leinwand und unterstützte somit den Eindruck einer ‚emailartigen' Malschicht.[47] Be-

[46] Der Begriff der „Materialsublimierung" stammt von Monika Wagner, vgl. Monika Wagner / Dietmar Rübel (Hg.), *Material in Kunst und Alltag,* Berlin 2002, S. ix.

[47] Eine Anleitung aus dem Volpato-Manuskript, entstanden Ende des 17. Jahrhunderts, schildert ausführlich wie eine Leinwand zu grundieren sei, so dass weder die Farbe später abblättere noch die Textur des Gewebes zugeschmiert werde: „[...] le telle sijono buone, forte, liscie, ben lavorate, che con poca materia restino impresse, la bontà serve che tanta dura il quadro, quanta dura la tela, ed è dovere di chi le compra, che come sono cative in breve si consumano"; siehe hierzu

sonders deutlich ist diese Form der ‚Materialsublimierung' – die Negierung der Materialität des textilen Malgrundes – an einem Gemälde von Andrea Busati von ca. 1510 zu sehen.[48] Auf den ersten Blick ähnelt das Gemälde *San Marco in trono tra i santi Andrea e Francesco* in seiner Oberflächenbeschaffenheit einer klassischen Holztafel. In der Vergrößerung zeigt sich jedoch recht schnell, dass es sich nicht um einen Bildträger aus Holz, sondern um eine Leinwand handelt. Zusätzlich ist es eine Leinwand mit einem Fischgratmuster, einer der

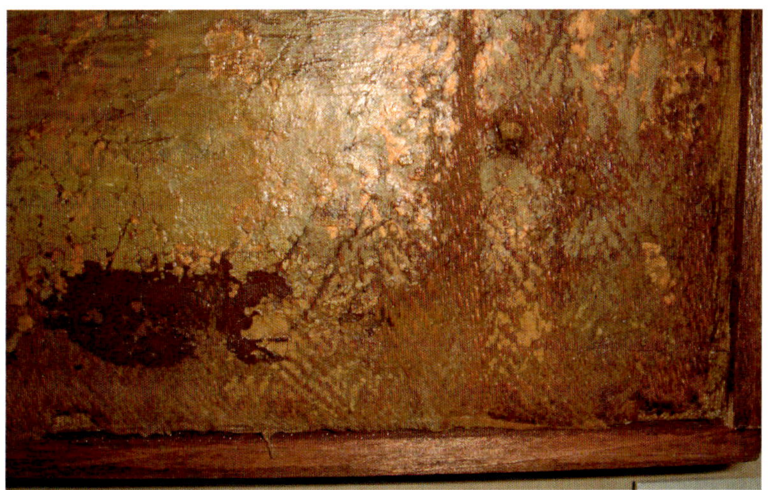

Abb. 3: Andrea Busati, *San Marco in trono tra i santi Andrea e Francesco* (Detail rechte untere Ecke des Bildträgers), ca. 1510, Leinwand, Venedig, Gallerie dell'Accademia.

Mary P. Merrifield, *Original treatises, dating from the XIIth to the XVIIIth centuries. On the arts of painting in oil, miniature, mosaic, and on glass; of gilding, dyeing, and the preparation of colours and artificial gems*, Bd. 2, London 1849, S. 727–732, S. 729.

[48] Viel ist über Andrea Busati nicht bekannt. Man weiß, dass er zwischen 1503 und 1528 in Venedig tätig war, und es wird angenommen, dass er vom Stil Giovanni Bellinis beeinflusst wurde, was sich in der Mehrzahl seiner Gemälde offenbart. Zu Busati siehe J.A. Crowe / J.B. Cavalcaselle, *A History of Painting in North Italy*, Bd. 1, London ²1912, S. 292.

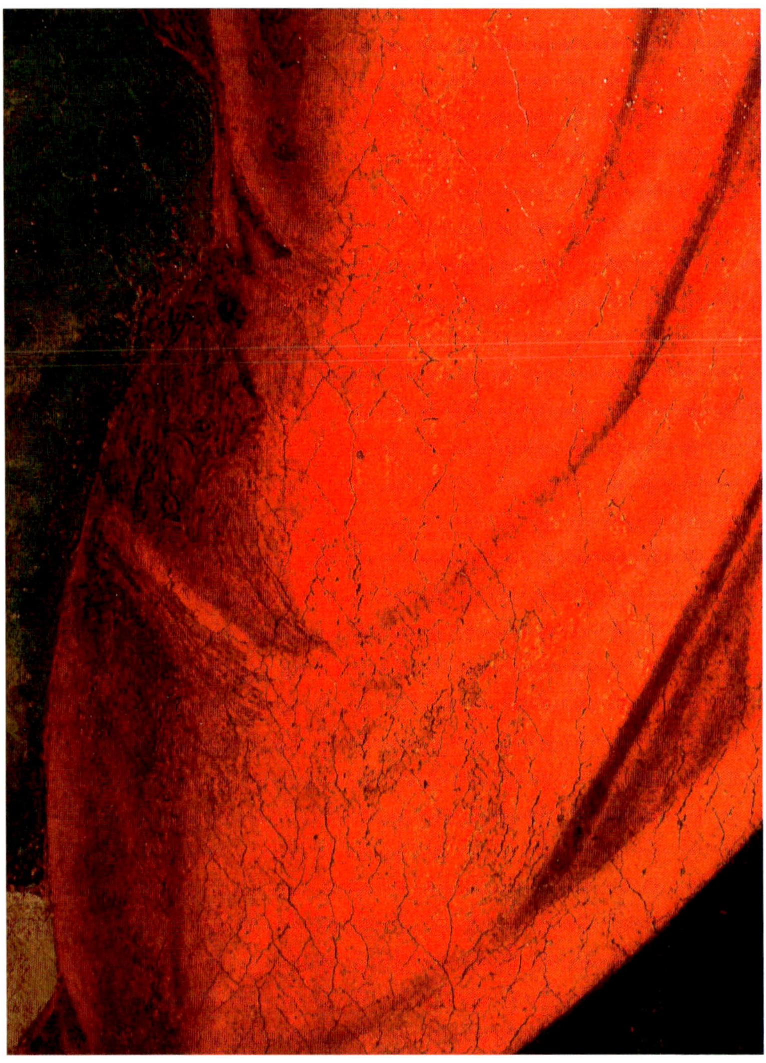

Abb. 4: Andrea Busati, *San Marco in trono tra i santi Andrea e Francesco* (Gewanddetail des Hl. Andreas), ca. 1510, Leinwand, Venedig, Gallerie dell'Accademia.

prominentesten und gröbsten Webstrukturen. Vergleicht man die Abbildungen der rechten unteren Ecke, an der die Farbschicht bereits abgeblättert ist und somit den Blick auf den Bildträger freigibt (Abb. 3), mit einem Ausschnitt aus dem roten Gewand des heiligen Andreas (Abb. 4), so wird deutlich, dass ein Rückschluss auf die Beschaffenheit des Bildträgers an einer Bildstelle mit völlig intakter Malschicht kaum möglich gewesen wäre. Die Methode, die Leinwand unter einer dicken Grundierungsschicht zu ‚verstecken', führte dazu, dass diese dann auf eine ganz ähnliche Weise wie Holztafeln – gut verpackt in Kisten – unter großem Aufwand und mit hohen Kosten transportiert werden musste.[49] Denn ein Aufrollen der Leinwand ist bei einer solch dicken Grundierung aufgrund der enormen Einbußen an Flexibilität kaum möglich und verursacht das Zerbrechen der darauf liegenden Malschicht. Aber auch in den Werken Giovanni Bellinis, dessen Ausstattung des Dogenpalastes mit Leinwandgemälden in dieser Studie als zeitlicher Beginn der Leinwandmalerei in Venedig angesehen wird,

[49] So kostete 1505 beispielsweise eine Holzkiste und anderes Verpackungsmaterial, die für den Transport eines 15 Florin teuren Andachtsbildes von Piero di Cosimo nach Rom verwendet wurden, beinahe 1 Florin, also 1/15 der Kosten für das eigentliche Werk. Neri di Bicci zahlte im Jahr 1462 79 Soldi für die Verpackung von drei Andachtsbildern, die einen Gesamtpreis von 790 Soldi betrugen, und weitere 30 Soldi für die Zollgebühr (gabella), die entrichtet werden musste, sobald ein Kunstwerk – aber auch andere Waren jeglicher Art – die Stadtgrenzen von Florenz verließ. Eines der wenigen Werke, für das die Transportkosten beinahe lückenlos dokumentiert sind, ist das Portinari-Triptychon von Hugo van der Goes, welches 1483 von Brügge nach Florenz transportiert wurde. Die Schiffsreise von Brügge über Sizilien nach Pisa kostete 20 Goldflorin (umgerechnet 117 Lire), der anschließende Transport von Pisa vor die Tore von Florenz durch 16 Männer auf dem Landweg weitere 35 Lire und der Transport innerhalb der Stadt nochmals 3,4 Lire. Insgesamt betrugen die Transportkosten somit beinahe 150 Lire, ein Betrag für den man zur damaligen Zeit „bereits eine bescheidene Altartafel eines Florentiner Künstlers [hätte] kaufen können". Vgl. hierzu Susanne Kubersky-Piredda, *Kunstwerke – Kunstwerte, Die Florentiner Maler der Renaissance und der Kunstmarkt ihrer Zeit,* Norderstedt 2005, S. 317.

lässt sich eine ähnliche Negierung des Bildträgers erkennen. Denn trotz Bellinis Bereitschaft, auf dem neuen Bildträger zu arbeiten, sowie seiner meisterlichen Adaption der Ölmalerei, die er wie kaum ein anderer seiner Zeit in den Werken einzusetzen wusste, blieb er in seinem Verständnis, das Material als solches nicht sichtbar zu lassen und demnach zu „immaterialisieren“,[50] den traditionellen Konventionen des Quattrocento verhaftet.

Von *vela* zu *tela*: Venedig als Hafen- und Handelsstadt

Das aufkommende Bewusstsein für Textilien und vielfältigste Tuche und Stoffe ging mit der erhöhten Verfügbarkeit dieser Waren einher, wie sich am Beispiel der venezianischen Textilindustrie unschwer erkennen lässt. Aufgrund Venedigs intensiver Handelsbeziehungen mit den Ländern nördlich der Alpen, wie etwa Brabant und Flandern für den Import von Leinen, und dem Orient für den Handel mit aufwändig gearbeiteten Geweben wie Damast und Brokatstoffe, war das Angebot an Textilien in der Lagunenstadt sehr groß.[51] Gründe für diesen

[50] Vgl. Felton Gibbons, Giovanni Bellini and Rocco Marconi, in: *The Art Bulletin* 44 (1962), H. 2, S. 127–131, hier S. 130f. Gibbons Beobachtung bezüglich Bellinis ‚Verwurzelung‘ in den Traditionen des Quattrocento ist ganz richtig, jedoch bezieht er dies nur auf die Darstellungsmodi der Affekte, nicht aber auf Bellinis Umgang mit der Materialität seiner Werke. Zum Begriff der ‚Immaterialisierung‘ siehe Anm. 5.

[51] Besonders das feine Leinen aus dem Norden Frankreichs hatte es den Venezianern angetan und fand großen Anklang unter ihnen. In Venedig erhielt dieses Textil daher die Bezeichnung *„tella de renz (Rheims)“*; siehe Stella Mary Newton, *The Dress of the Venetians 1495–1525*, Aldershout 1988, S. 177. Unter dem Begriff *tela de renzo* wird im *Dizionario Tascabile delle voci e frasi particolari del Dialetto Veneziano* auf den Eintrag *Renzo* verwiesen. Dieser wiederum besagt (in leicht veränderter Schreibweise unter Renso gelistet): „Renso. Rensa; tela fina a opera, così detta dalla città di Reims in Francia“; siehe hierzu Pietro Contarini, *Dizionario Tascabile delle voci e frasi particolari del Dialetto Veneziano*, Venezia 1852, S. 268 u. S. 321. Obwohl vermutlich ein Großteil

Wandel lassen sich in der politischen Situation Europas zu dieser Zeit finden: Viele Handwerker flüchteten vor den in ganz Italien andauernden Kriegen und suchten ein „friedliches Refugium",[52] welches sie in der Lagunenstadt fanden, die sowohl vor fremdem Armeen sicher war als auch dank der ausgezeichneten Wasserwege stets mit dem Lebensnotwendigen versorgt blieb.[53] Sank die Produktion von Wollstoffen etwa in Florenz und den lombardischen Städten wie Mailand, Brescia, Como und vielen anderen, so stieg sie in Venedig rasant an: 1516 wurden weniger als 2 000 Stoffe produziert, 50 Jahre später hingegen schon weit mehr als 20 000 pro Jahr.[54] Auch stieg die Zahl der Seidenweber in Venedig von 500 im Jahre 1493 auf über 1 200 im Jahre

---

der Leinenstoffe für Gemälde aus den dafür bekannten Zentren in Frankreich, Flandern und Brabant oder auch Augsburg bezogen wurden, ist es dennoch bezeichnend für das neue Gespür für Textilien und Stoffe aller Art, dass sich Venedig zu Beginn des 16. Jahrhunderts vom bloßen Zentrum für den Wollhandel zu einer zentralen Produktionsstätte der Wollstoffe selbst etablierte. Aber auch das Seidengewerbe erfuhr einen starken Zuwachs und so gab es „am Ende des [16.] Jahrhunderts mehr Seidenweber als Schiffsbauer oder Kalfaterer in Venedig", vgl. Frederic C. Lane, *Seerepublik Venedig,* München 1980, S. 482.

[52] Ebd., S. 481.

[53] „Der größte Teil des Volkes besteht aus Ausländern", so lautete die Bemerkung des französischen Botschafters Philippe de Commyne, die er in seiner *Analyse der venezianischen Institutionen* zu Beginn des 16. Jahrhunderts aufgrund dieser starken Zuwanderung notierte; siehe hierzu ebd., S. 437.

[54] Vgl. ebd., S. 481 und Domenico Sella, The Rise and Fall of the Venetian Woolen Industry, in: *Crisis and Change in the Venetian Economy in the Sixteenth and Seventeenth Centuries,* hg. und eingel. v. Brian Pullan, London 1968, S. 106–126, hier S. 113ff. Sella, ebd., S. 107, beziffert die Anzahl hochwertiger Stoffe, die Venedig gegen Ende des 16. Jahrhunderts pro Jahr hervorbrachte, sogar auf mehr als 25 000 Stück. Laut Bericht des venezianischen Botschafters von 1529 war die Produktion von Stoffen in Florenz, wo einige Jahre zuvor noch über 4 000 Stück feinste Stoffe – *San Martino* genannt – und 18 000 bis 20 000 Stoffe aus spanischer Wolle – *garbi* genannt – produziert wurden, zu dieser Zeit in einen absoluten Stillstand verfallen. Schließlich waren in Florenz von den 1480 in Betrieb befindlichen 270 Textilgeschäften im Jahre 1537 nur noch 36 offen, siehe ebd. S. 114.

1554 und der Aufwärtstrend hielt auch in den darauf folgenden Jahren noch weiter an.[55] Diese Entwicklung ließ Venedig im 16. Jahrhundert in die Liga der größten Textilzentren Europas aufsteigen. In Anbetracht der wirtschaftlichen Situation in Venedig wird das Arsenal, das Schiffszentrum der Stadt mit seinen Lagerhallen, Werkstätten, Docks und dem Zeughaus, immer wieder als eines der „größten Industrieunternehmen"[56] im 16. Jahrhundert bezeichnet. Da Venedig eine große Seemacht war und über eine exponierte geografische Lage zwischen dem westlichen Teil Europas, dem Osmanischen Reich und der Levante verfügte, war der Handel mit Waren verschiedenster Art, darunter natürlich auch Textilien und Stoffe, eine der wichtigsten Säulen, auf denen der wirtschaftliche Wohlstand der Lagunenstadt im 15. und 16. Jahrhunderte ruhte. Gerade in einer Hafenstadt wie Venedig mit einer großen Handelsflotte sollte nicht unbeachtet bleiben, dass Leinen unter anderem auch für die Herstellung von Segeln *(vela)* Verwendung fand.[57] Daher kann man mit großer Wahrscheinlichkeit annehmen,

[55] Vgl. Lane, Seerepublik (wie Anm. 51), S. 486.

[56] Lane (ebd., S. 553) geht sogar so weit, das Arsenal als „das größte Industrieunternehmen der gesamten Christenheit, vielleicht der ganzen Welt" in dieser Zeit zu deklarieren. Denn, so folgert er, „in gewisser Hinsicht nahm die Organisation des Arsenals Merkmale der modernen Industrie vorweg." Ihm zufolge zählten zu diesen Merkmalen „Fließbandarbeit, auswechselbare Teile und Vertikalverflechtung." Zur Bedeutung des Arsenals für den wirtschaftlichen Aufschwung Venedigs und vor allem für die Entwicklung in Bezug auf die Textilindustrie siehe auch Paola Lanaro (Hg.), *At the Centre of the Old World, Trade and Manufacturing in Venice and the Venetian Mainland 1400 – 1800,* Toronto 2006, S. 39f.

[57] Immer wieder wird der mögliche Zusammenhang von Venedigs Schifffahrtsindustrie, den dafür nötigen Segeln und der Durchsetzung der Leinwand als künstlerischem Material in der Lagunenstadt angesprochen, jedoch bisher noch keiner genaueren Analyse unterzogen, vgl. Frederic C. Lane, *Venetian ships and shipbuilders of the Renaissance,* (Nachdruck der Erstausgabe von 1934) Baltimore 1975 und Lane, Seerepublik (wie Anm. 51), Dunkerton / Foister / Penny, Dürer to Veronese (wie Anm. 13), S. 268, Louisa C. Matthew, Vendecolori a Venezia, The Reconstruction of a Profession, in: *The Burlington Magazine* 144 (2002), S. 680 – 686, hier S. 685,

dass die Versorgung der venezianischen Schifffahrt mit Leinwand *(tela)* für die Herstellung von Segeln auch bedeutete, dass dieses Textil in der Lagunenstadt eine leicht zu beziehende und problemlos erhältliche Ware sein musste. Somit ist der Sprung von *vela* zu *tela* kein reines Wortspiel, sondern ein durchaus zu beachtender Zusammenhang, der bisher allerdings in der Forschung nur angedeutet, jedoch bislang kaum eingehender verfolgt wurde.[58] In Analogie zu den Segeln lässt sich ein weiterer Vorteil erkennen, den die Leinwand gegenüber Holztafeln als Bildträger mit sich brachte: die schier unbegrenzte Möglichkeit der Vergrößerung aufgrund einfachen Anstückens der einzelnen Stoffbahnen, ähnlich wie dies eben auch bei der Herstellung von großen Segeln praktiziert wurde.[59] Das Gewicht und die physikalischen

---

Anm. 52 und Robert Wald, Materials and Techniques of Painters in Sixteenth-Century Venice, in: *Titian, Tintoretto, Veronese. Rivals in Renaissance Venice,* Ausst. Kat. Museum of Fine Arts Boston, hg. v. Frederick Ilchman, Farnham 2009, S. 73 – 81, hier S. 73. Vgl. auch den Eintrag *canvas* im Glossar in Brenda Collins / Philip Ollerenshaw (Hg.), *The European Linen Industry in Historical Perspective,* New York 2003, der besagt, dass Leinen sowohl für Segeltuch, Künstlerleinwände als auch Unterfütterung von Kleidung verwendet wurde. Für das 18. Jahrhundert ist bekannt, dass sich die Weber und Mitglieder der *Scuola dei Tessitori di Tela* in einer wirtschaftlichen Krise befanden, da der Markt für die Segeltuch-Produktion in Venedig mit Leinen-Importen aus den Niederlanden und Russland überschwemmt wurde. Dementsprechend sank die lokale Produktionsleistung Venedigs beträchtlich, die Anzahl der Weber in der Stadt halbierte sich und zahlreiche Weber blieben für viele Jahre ohne Arbeit; siehe hierzu Silvia Gramigna / Annalisa Perissa, *Scuole grandi e piccole a Venezia tra arte e storia, Confraternite di mestieri e devozione in sei itinerari,* Venezia 2008, S. 131.

[58] Einzig Stefan Neuner scheint sich eingehender mit dieser Thematik in seiner Forschung zu beschäftigen, siehe hierzu u. a. seinen Beitrag Bild und Segel, Teil 1, Über einige nautische Implikationen der venezianischen Malerei, in: *Archiv für Mediengeschichte* 10 (2010), S. 47 – 67 oder auch Stefan Neuner / Wolfram Pichler, Tintorettos Schwellenkunde, in: *Ikonologie des Zwischenraums, Der Schleier als Medium und Metapher,* hg. von Johannes Endres, Barbara Wittmann u. Gerhard Wolf, München 2005, S. 243 – 286.

[59] Schon Johann Wolfgang Goethe beobachtete 1790, dass die venezianischen Maler die enormen Leinwände nicht mehr so sorgfältig grundierten wie noch zuvor die sehr viel kleineren

Gesetze der Schwerkraft, wie noch zuvor bei den Holztafeln, die umso instabiler und anfälliger für Risse und Brüche waren, je größer sie gearbeitet wurden, spielten hierbei keine Rolle mehr. Leinwandbahnen, die zu dieser Zeit eine durchschnittliche Breite von etwa einem Meter vorwiesen, konnten durch schlichtes Aneinandernähen beliebig vergrößert werden, wie beispielsweise in Tizians Gemälde der *Danae* aus Wien anhand einer schematischen Darstellung der vernähten Leinwand zu sehen ist (Abb. 5).[60] Zwar sind die Nähte in den meisten Fällen je nach Dicke der Grundierung auch heute noch in den Werken sichtbar, beeinträchtigen die Stabilität des Werkes jedoch nicht weiter. Tintorettos Leinwände etwa bestanden häufig aus vielen, teilweise kleinteiligen Einzelstücken, die für seine großen Arbeiten zusammengenäht wurden. Die dafür verwendeten Stücke waren nicht selten von unterschiedlicher Textur, Webstärke und Gewicht. So bestehen einige

Holztafeln: „Diese Sorgfalt [beim Grundieren] verminderte sich nach und nach, ja sie verlor sich endlich ganz, als man größere Gemälde zu unternehmen anfing. Man mußte die Leinwand zu Hülfe nehmen [für größere Formate], welche man nur schwach mit Kreide, manchmal auch nur leicht mit Leim grundierte." Als Hauptursache für die immer dünner werdende Grundierung sah er primär die immer größer werdende zu bearbeitende Bildfläche der Leinwand an und schloss auf eine gewisse Arbeitsökonomie oder auch Bequemlichkeit der Künstler im Grundierungsprozess; vgl. Johan Wolfgang Goethe, Ältere Gemälde, Neuere Restaurationen in Venedig, betrachtet 1790, in: *Goethes Sämtliche Werke* (vollständige und neu durchgesehene Ausgabe), Bd. 2, Stuttgart 1869, S. 848–850, hier S. 101.

[60] Die durchschnittliche Breite der damals erhältlichen Leinwände wird in der Literatur durchweg mit 1m bis max. 1,10 m angegeben. Eine logische Erklärung für die Breite von etwa einem Meter gibt Jill Dunkerton, Dürer to Veronese (wie Anm. 13), S. 270, indem sie verdeutlicht, dass ein Meter eine günstige Breite für einen einzelnen Weber war, um den Hebel an einem Handwebstuhl zu bedienen. Siehe hierzu auch die Ergebnisse der gemäldetechnischen Untersuchungen von Joyce Plesters und Lorenzo Lazzarini speziell zu Tintorettos Gemälden in der Scuola Grande di San Rocco, in Joyce Plesters / Lorenzo Lazzarini, I materiali e la tecnica dei Tintoretto della Scuola di San Rocco, in: *Jacopo Tintoretto nel quarto centenario della morte,* hg. v. Paola Rossi u. Lionello Puppi, Padova 1996, S. 275–280, hier S. 275.

seiner Leinwände in der Scuola Grande di San Rocco aus Einzelstücken dreier unterschiedlicher Leinwandarten, deren Webstruktur von sehr fein bis extrem grob variiert.[61]

Wie sich an verschiedenen Werken Peter Paul Rubens deutlich zeigen lässt, birgt das Anstücken von Holztafeln dagegen große Risiken hinsichtlich der Stabilität und Haltbarkeit der Gemälde. Rubens verwendete Bildträger, die aus zahlreichen, teils kleinformatigen Tafeln ‚zusammengeschustert' waren und teilweise auch nach Vollendung

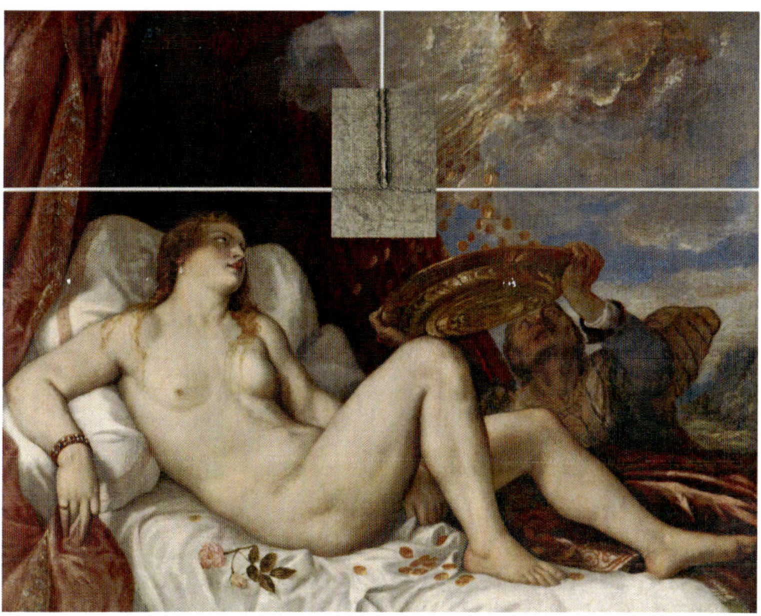

Abb. 5: Tizian, *Danae* (Darstellung der Bildträger-Konstruktion mit eingefügtem Detail der Leinwandrückseite inklusive Nahtstelle), um 1560 – 65, Leinwand, Wien, Kunsthistorisches Museum.

[61] Zu ausführlichen gemäldetechnische Untersuchungen der Werke Tintorettos vgl. auch Joyce Plesters, Tintoretto's Paintings in the National Gallery, in: *National Gallery Technical Bulletin* 4 (1980), S. 32 – 48.

des Gemäldes noch angestückt wurden, um etwa das Bildthema zu ergänzen oder auch die Komposition zu verändern, wie zum Beispiel in seinen Gemälden Der *Trunkene Silen* oder auch der *Madonna im Blumenkranz.*[62] Einige dieser angestückten Bildtafeln zerfielen, während des Transports oder der Aufhängung, in ihre Einzelteile, da sich die Verklebungen und Verfugungen der Holztafeln über die Jahrhunderte gelöst hatten und auch das Holz selbst Risse bekommen hatte, was wiederum unweigerlich zu einer massiven Oberflächenspannung aufgrund der vielen Einzeltafeln führte.[63]

Leonardo da Vincis Gewandstudien auf *tela sottilissima di lino*

Etwa zur gleichen Zeit als Gentile Bellini sich an die Arbeit machte, die zerstörten und kaum noch vorhandenen Fresken in der Sala del Maggior Consiglio des Palazzo Ducale in Venedig durch Gemälde auf Leinwand zu ersetzen, beschäftigte sich fernab der Lagunenstadt ein weiterer Künstler intensiv mit den Möglichkeiten, die ihm der textile

[62] Nach Veronika Poll-Frommel, Konrad Regner und Jan Schmidt lässt „die Art der Anstückung mit der ‚unsauberen' Fuge vermuten, daß diese Erweiterung nicht nach langer Planung durch den Tafelmacher erfolgte, sondern nach spontanem Entschluß in Rubens' Werkstatt ausgeführt wurde". Der Begriff der ‚unsauberen Fuge' bezieht sich darauf, dass es sich weder um eine „stumpfe Fuge – gedübelt (Langholz an Langholz)" noch um eine „überfälzte Fuge (Hirnholz an Hirnholz)" handelt, wie sie Poll-Frommel, Regner und Schmidtet zu Beginn ihrer Studie definieren. Vgl. Veronika Poll-Frommel / Konrad Renger / Jan Schmidt, Untersuchungen an Rubens-Bildern – Die Anstückungen der Holztafeln, in: *Bayerische Staatsgemäldesammlungen, Jahresbericht* 1993, S. 24–35, hier S. 24 und S. 35. Siehe hierzu auch die ‚Brettschemata' ausgewählter Rubens-Tafeln in ebd., Abb. 6, Abb. 17, und Abb. 23.

[63] Vgl. Joost Vander Auwera, Rubens Copied and Recycled, A Genius Multiplied, in: *Rubens. A Genius at Work,* Ausst. Kat. Royal Museums of Fine Arts of Belgium Brüssel, hg. v. ders., Tielt 2007, S. 264–279, hier S. 276ff. Ich danke Prof. Dr. Joost Vander Auwera, Kurator des Koninklijke Musea voor Schone Kunsten van België (Museum voor Oude Kunst) in Brüssel, der mich auf die Problematik der angestückten Holztafeln bei Rubens aufmerksam machte. Poll-

Bildträger bot. Zwischen 1469 und 1476 verbrachte Leonardo da Vinci einige Jahre in der Werkstatt des Florentiner Bildhauers Andrea del Verrocchio und schuf in dieser Zeit die uns heute als ‚Gewandstudien' bekannte Werkgruppe. Diese kleinformatigen Studien sind allesamt in Tempera auf Leinwand ausgeführt und werfen nicht nur in Bezug auf ihren Bildträger einige Fragen auf (Abb. 6)[64]. Auch der eher ephemere Charakter dieser sogenannten ‚Studien' und ihres künstlerischen Entstehungsprozesses führt dazu, dass sich bis heute viele Kunsthistoriker verwundert und auch erstaunt in Anbetracht dieser Werke Leonardos zeigen.

Hält man sich die zu Anfang erwähnten Erläuterungen bezüglich der Tüchleinmalerei vor Augen, so ist die Technik, mit Temperafarbe auf Leinwand zu malen, an sich nichts Ungewöhnliches. Allerdings können die Gewandstudien in keiner Weise der Tüchleinmalerei zugeordnet werden, da sie weder in Funktion noch Charakter diesen Werken entsprechen. Vielmehr sind die Gewandstudien eine in sich geschlossene Gruppe von Arbeiten, die, wie im Folgenden deutlich wird, bis heute ohne Parallele bleibt. Vasari ist einer der ersten Bewun-

---

Frommel / Regner / Schmidtet, Untersuchungen (wie Anm. 62), S. 35 sprechen sich in ihrer Studie für eine umfassende und systematische Fortsetzung der Untersuchungen zum Thema der Anstückungen an den Rubens-Tafeln aus, da dies in der Forschung bisher keine ausreichende Beachtung fand. Siehe weiterführend auch die Studie von Hubert von Sonnenburg, Rubens' Bildaufbau und Technik. I: Bildträger, Grundierung und Vorskizzierung, in: *Maltechnik-Restauro* 2 (1979), S. 77–100. Die Methode des ‚Anstückens', d. h. mehrere verschieden große Einzelstücke für seine Bildkompositionen zu verwenden, beschränkte Rubens allerdings nicht nur auf die Holztafel. Die allegorische Bildkomposition *Peace and War* (National Gallery, London) des Künstlers besteht aus „seven seperate pieces of canvas" wie Ashok Roy in seiner Studie zum Bildaufbau nachweist; vgl. Ashok Roy, Ruben's ‚Peace and War', in: *National Gallery Technical Bulletin* 20 (1999), S. 89–95, hier S. 89.

[64] Viele dieser Werke sind nicht größer als eine DIN A 4 Seite.

derer dieser Werke. In der *Vita* Leonardo da Vincis verleiht er seinem Erstaunen über die Studien mit folgenden Zeilen Ausdruck:

> In seinen Zeichnungen entwarf er Windmühlen, Walkmaschinen und andere Gerätschaften, die durch Wasserkraft angetrieben werden konnten, und da er die Malerei als Beruf erwählt hatte, übte er sich insbesondere im Wiedergeben der Natur. Manchmal machte er Tonfiguren, die er mit weichen, in Gips getränkten Tüchern überzog, um sie dann geduldig auf feinste Leinwände oder andere geeignete Gewebe zu malen. Er führte diese Zeichnungen mit der Spitze seines Pinsels in Schwarz und Weiß aus, so daß er zu einem wunderbaren Ergebnis kam, wovon noch einige Zeugnis geben, die ich von seiner Hand in unserem libro de' disegni besitze.[65]

Leider ist uns von Leonardo selbst keine dieser Figuren überliefert, da diese, nachdem sie ihren Zweck erfüllt hatten, wahrscheinlich entweder zerstört oder ihrem Verfall überlassen wurden. Eines der sehr seltenen, noch erhaltenen Modelle für ähnliche Studien, allerdings aus der Werkstatt Jacopo Sansovinos aus den Jahren 1511–1518, befindet sich heute im Victoria and Albert Museum in London (Abb. 7).[66]

---

[65] Giorgio Vasari, *Das Leben des Leonardo da Vinci,* hg. v. Alessandro Nova, bearb. v. Sabine Feser, Berlin 2006, S. 19f. Das Originalzitat lautet: „Fece disegni di mulini, gualchiere et ordigni che potessino andare per forza d'acqua; e perché la professione sua volle che fusse la pitture, studiò assai di ritrar naturale, e qualche volta in far modegli di figure di terra, et adosso a quelle metteva cenci molli interrati, e poi con pazienza si metteva a ritrargli sopra a certe tele sottilissime di rensa o di panni lini adoperati, e gli lavorava di nero e bianco con la punta del penello, che era cosa miracolosa, come ancora ne fa fede alcuni che ne ho di sua mano in sul nostro libro de' disegni." Giorgio Vasari, Vita di Lionardo da Vinci, pittore e scultore fiorentino, in: ders., *Le vite de' più eccellenti pittori scultori e architettori,* Bd. 4, hg. v. Rosanna Bettarini u. Paola Barocchi, Firenze 1976, S. 6f.

[66] Zum Figurenmodell *Lucretia* aus der Werkstatt Sansovinos siehe Lisa Monnas, *Merchants, princes and painters. Silk fabrics in Italian and Northern paintings,* 1300–1550, New Haven / London 2008, S. 149f.

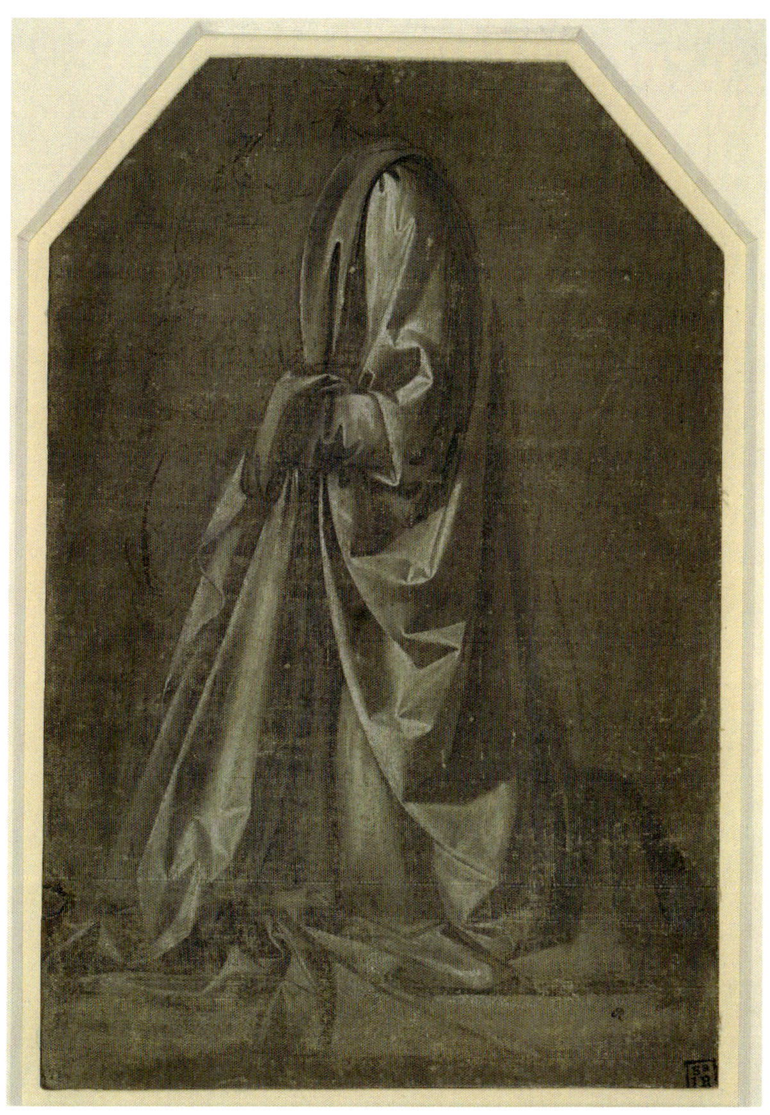

Abb. 6: Leonardo da Vinci, Gewandstudie für eine kniende Figur in Dreiviertelansicht nach links, um 1475, Pinsel und grau-braune Tempera mit Weißhöhungen auf Leinen, 28,3 x 19,2 cm, London, The British Museum (Inv. 1895-9-15-489).

Den Faltenwurf von Gewändern an Modellen zu studieren, an denen Draperien in Form von in Gips getränkten Stoffen nachgeahmt wurden, wie Vasari es beschreibt, war keine ungewöhnliche Praxis in den Florentiner Bildhauerwerkstätten des Quattrocento.

Üblicherweise wurden diese Studien jedoch, wie andere auch, auf Papier oder in einigen Fällen auch auf Pergament gefertigt (Abb. 8).[67] Die Verwendung von Leinwand ist eine Innovation, die sowohl vor als auch nach Leonardo in dieser Form nicht vorkommt.[68] Umso verwunderlicher ist es daher, dass sich meines Wissens nach bis heute nur die Wenigsten nähere Gedanken zum Bildträger dieser außergewöhnlichen Studien aus dem unmittelbaren Umkreis Leonardos – und vor allem zu dessen Materialität – gemacht haben, obwohl die Werke selbst doch Mittelpunkt zahlreicher Studien und Überlegungen sind.[69]

[67] Wie man an dieser Studie, Lorenzo di Credi zugeschrieben, erkennen kann, wurde bei einer Kopie nach Leonardos berühmter Gewandstudie aus dem Louvre (Abb. 9) zwar das Motiv übernommen, jedoch nicht der textile Bildträger.

[68] Federico Barocci führte seine Gewandstudien auch in der zweiten Hälfte des 16. Jahrhunderts auf Papier aus, wie uns das Beispiel der *Gewandstudie für die Madonna del Gatto* aus dem Berliner Kupferstichkabinett von 1575 zeigt. Diese Studie wurde in schwarzer, roter und weißer Kreide auf blauem Papier (27,4 x 39,7 cm) angefertigt.

[69] Weder Bambach, Viatte, Pedretti oder Cadogan haben den für die Gewandstudien außergewöhnlichen Bildträger Leinwand eingehender untersucht. Außer der Beobachtung und Feststellung, dass diese Werke allesamt auf einem leinenen, textilen Bildträger gefertigt wurden, äußern sie sich nicht weiter darüber und gehen direkt zur klassischen Debatte der Zuschreibung über. Nicht einmal die Studie von Gen Doy, mit dem bezeichnenden Titel *Drapery, Classicism and Barbarism in Visual Culture,* in der zwar Leonardos Gewandstudien auf Leinwand erörtert, ihnen aber lediglich nur etwas über drei Seiten gewidmet werden, geht der Frage nach der Bedeutung des für die damalige Zeit keineswegs alltäglichen Bildträgers nach. Vgl. hierzu Gen Doy, *Drapery, Classicism and Barbarism in Visual Culture,* London / New York 2002, S. 27–32: „No-one is particularly sure why this support was chosen, but it may be partly so that Leonardo could use a brush and paint in order to render the tonal values more effectively"; vgl. ebd., S. 31. Doy ist damit einer überzeugenden Antwort zwar schon sehr nahe, die weitere Ausführung jedoch

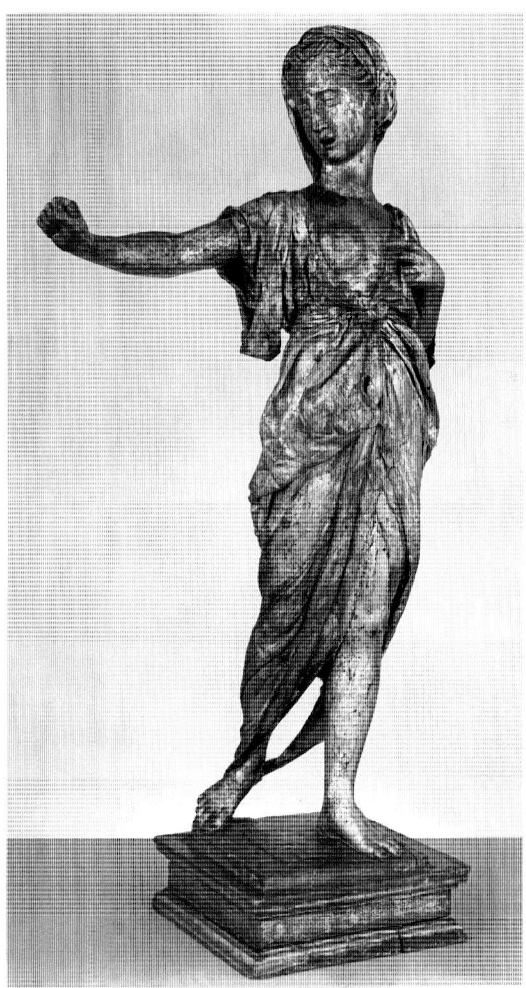

Abb. 7: Jacopo Sansovino (Werkstatt), Lucretia, ca. 1511–18, Pappelholz mit Draperien aus in Gips getunktem Leinen, Höhe der Figur 66,5 cm, Breite 35 cm (gemessen auf Armhöhe), London, Victoria and Albert Museum (Inv. A2-1962).

enttäuscht sogleich, wenn er im nächsten Satz schreibt: „What is striking about these works is their small size, at variance with the impression of mass and solidicity achieved." Nicht nur die Größe dieser Arbeiten, wie er meint, ist frappierend für die Studien, sondern vor allem gerade die Wahl des Bildträgers.

Einzig André Chastel und Frank Fehrenbach verweisen in ihren Ausführungen auf den ästhetischen Reiz, den dieser textile Malgrund für Leonardo dargestellt haben muss. Fehrenbach bezeichnet diese Arbeiten in seiner Studie *Veli sopra Veli, Leonardo und die Schleier*, völlig zu Recht, als „grandiose Reihe der frühen Gewandstudien auf Leinwand" und spricht von ihnen als „textilen Obsessionen" und „bloß angedeu-

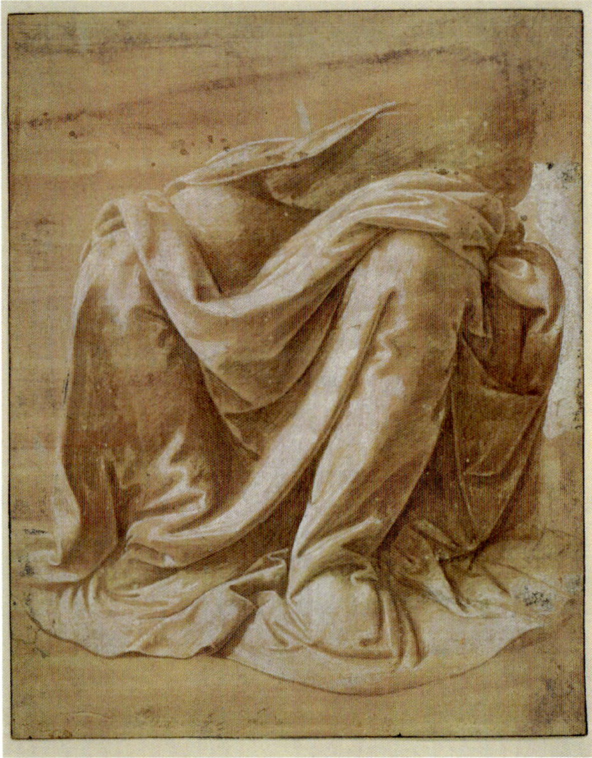

Abb. 8: Lorenzo di Credi (nach Leonardo da Vinci), Gewandstudie einer sitzenden Figur, 1467 - 1519, Tusche mit Weißhöhungen auf rosa grundiertem Papier, 26,4 x 21,7 cm, London, The British Museum (1895,0915.459).

teten Körpern, [die] als plastische Gebilde höchst eigentümlich mit der Stofflichkeit des Mediums verwoben [sind].“[70] Es ist jedoch viel mehr als eine bloße Verwebung von Dargestelltem mit der Stofflichkeit des Mediums, denn in einem doppelten Sinne wird die figurative Stofflichkeit des Dargestellten mit der real existierenden Stofflichkeit des Materials in einen Dialog gebracht, der wiederum die Materialität beider hervorhebt und betont. Diese ‚Verwebung‘ der Stofflichkeit der abgebildeten Gewänder mit dem textilen Malgrund trägt zu einer in äußerstem Maße taktilen Wirkung der Werke bei. Betrachtet man etwa die *Gewandstudie für eine sitzende Figur* (Abb. 9) aus dem Pariser *Musée du Louvre* genauer, wird das Thema des Verwebens von textilem Sujet mit dem textilen Bildträger besonders deutlich. Nicht umsonst gilt diese Studie als eine der berühmtesten, ja sogar als „Cést la plus luministe de toutes, la plus sculpturale et la plus parfaite.“[71] innerhalb der gesamten Werkgruppe. Die Bildfläche wird hier beinahe komplett von einem in Falten geworfenen Gewand ausgefüllt, das sowohl Knie als auch Beine einer sitzenden Figur zu bedecken scheint. An diesem

---

[70] Frank Fehrenbach, Veli sopra Veli, Leonardo und die Schleier, in: *Ikonologie des Zwischenraums. Der Schleier als Medium und Metapher,* hg. v. Johannes Endres, Barbara Wittmann u. Gerhard Wolf, München 2005, S. 121–147, hier S. 121. Daran anschließend verweist er darauf, dass es sich um „‚Tüchleinmalerei‘ gleich in doppelter Hinsicht“ handle. Siehe auch André Chastels knappen, aber dennoch bemerkenswerten Beitrag Léonard: Pans et Plis, in: *Léonard de Vinci, Les ètudes de draperie,* Ausst. Kat. Musée du Louvre Paris, hg. v. Françoise Viatte, Paris 1989, S. 11–14, hier S. 13. Carmen Bambach erkennt zwar den ästhetischen Wert dieser Studien, sieht diesen aber vielmehr in der Handhabung der Farbe als im textilen Bildträger begründet; vgl. Carmen C. Bambach, Leonardo and drapery studies on ‚tela sottilissima di lino‘, in: *Apollo* 159 (2004), H. 503, S. 44–55, hier S. 44.

[71] Françoise Viatte, Draperie pour une figure assise (Kat. 16), in: *Léonard de Vinci, Les ètudes de draperie,* Ausst. Kat. Musée du Louvre Paris, hg. v. ders., Paris 1989, S. 74.

Werkbeispiel zeigt sich auch sogleich die für diese Gewandstudien charakteristische Abwesenheit der Körper. Formen und Rundungen der darunter liegenden Körper, der Arme und Beine, und in speziell diesem Beispiel auch der Füße, werden in den Werken alleine durch den Faltenwurf des dargestellten Stoffes evoziert. Das heißt, es bleibt dem

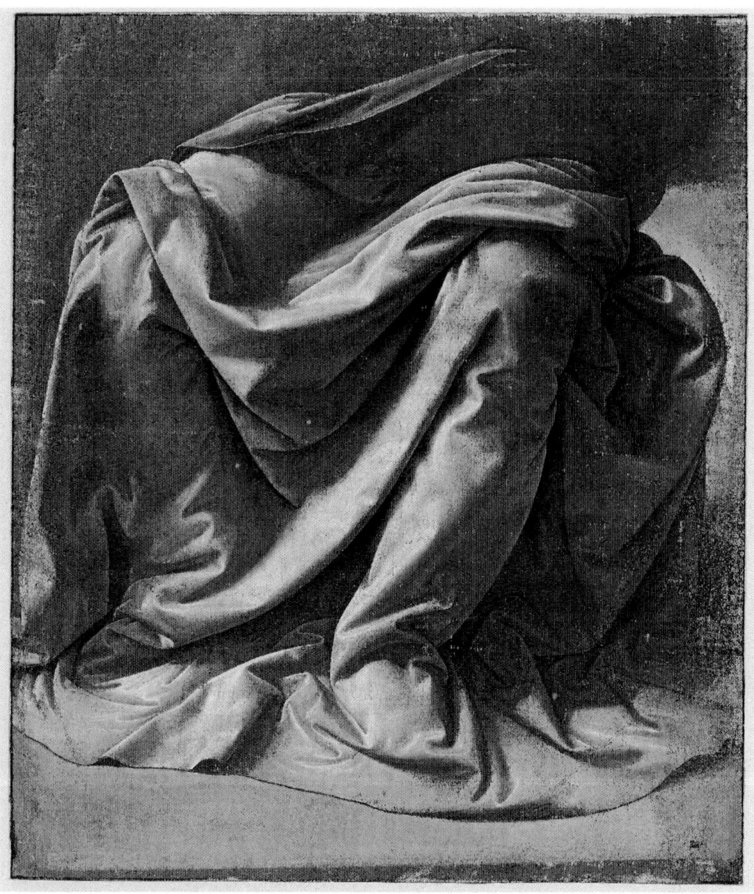

Abb. 9: Leonardo da Vinci, Gewandstudie für eine sitzende Figur, um 1475, Pinsel und graue Tempera mit Weißhöhungen auf grundierter grauer Leinwand, 26,5 x 25,3 cm, Paris, Musée du Louvre, Cabinet des Dessins (Inv. RF 2255).

Betrachter überlassen, die Körper unter den Gewändern zu erahnen. Und dennoch wirken diese Gewänder um ein vielfaches plastischer und überzeugender als Werke, die sowohl Gewand als auch den dazugehörigen Körper darstellen. Durch die Abwesenheit des Körpers gewinnt die Präsenz des Gewandes enorm an Ausdruck. Leonardo meistert diese Darstellung mit Hilfe von Weißhöhungen, die er mit einem Pinsel auf die grau grundierte Leinwand setzt, wie Vasari uns bereits berichtete. Das linke Bein der Figur ist weniger stark angewinkelt als das rechte und erscheint daher stärker mit Weißhöhungen akzentuiert, um das einfallende Licht wiederzugeben. Bedient sich Leonardo in der Darstellung der Lichtreflexe vermehrt der weißen Farbe, so lässt er diese in den im Schatten befindlichen Bereichen des Gewandes weg, und die grau eingefärbte, beinahe rohe Leinwand tritt deutlich zutage. Dies lässt sich besonders gut am rechten Bein der Figur im Bereich des Schienbeins beobachten. Wäre nicht die langgezogene Weißhöhung direkt daneben, die eine weitere Falte darstellt und somit wieder die Plastizität des Gewandes aufgreift, so würde der Stoff über dem rechten Schienbein in der Leinwand, oder besser gesagt: mit der Leinwand zu zerfließen drohen. Wie bereits erwähnt, bestehen die Studien nur aus dem Gewand, das sie zum Thema haben. Körper werden nur durch den darüber liegenden Stoff und die darauf gesetzten Lichter angedeutet. Der Oberkörper der Figur in dieser Studie ist nicht einmal, wie in manch anderen Gewandstudien aus der Verrocchio-Werkstatt (Abb. 10), mit einigen wenigen Pinselstrichen angedeutet, sondern erschließt sich dem Auge des Betrachters nur, indem dieser sich den Oberkörper aus der Modellierung des Gewandes heraus weiterdenkt. In den Werkstätten der Bildhauer war es zum damaligen Zeitpunkt

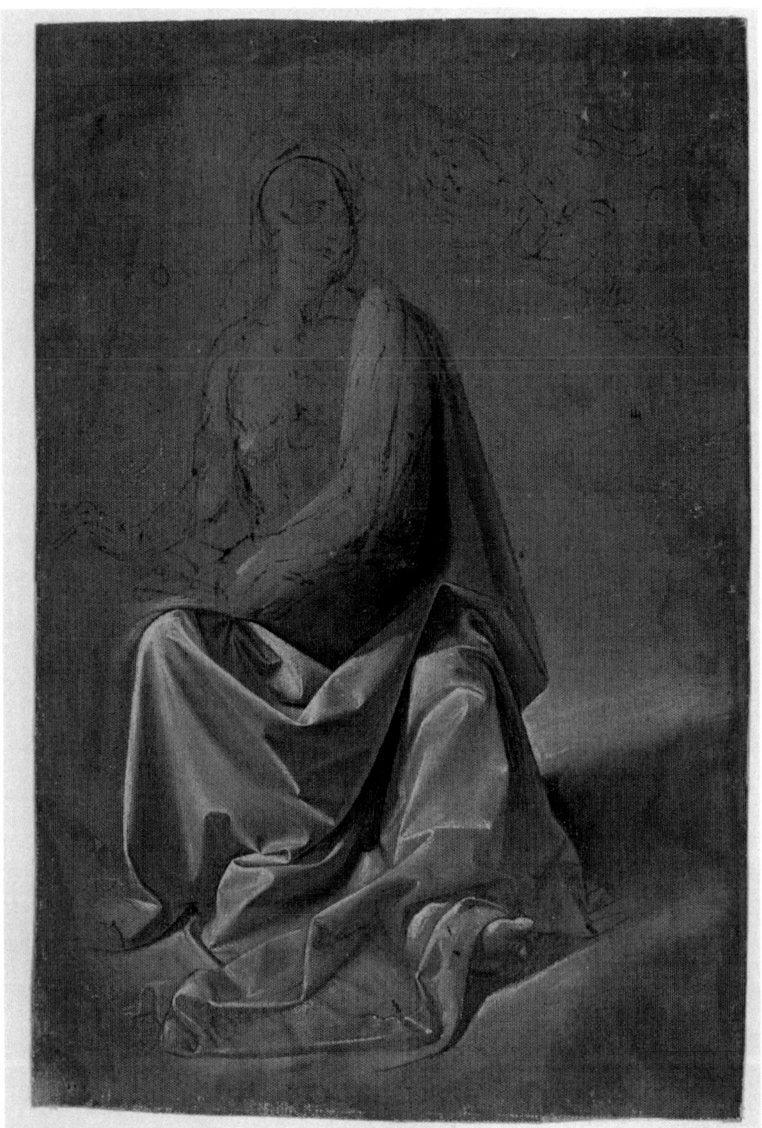

Abb. 10: Verrocchio-Werkstatt (Domenico Ghirlandaio?), Gewandstudie für eine sitzen de Figur in Frontalansicht, ca. 1475, Pinsel und grau-braune Tempera mit Weißhöhungen auf grau-braun grundierter Leinwand, 26,2 x 17,1 cm, Berlin, Staatliche Museen, Kupferstichkabinett (Inv. 5039).

üblich, den Faltenwurf von Gewändern an Modellen aus Holz, Wachs oder Lehm zu studieren, an denen in Gips getunkte Tücher und Streifen von Leinen derart drapiert wurden, dass diese auch nach dem Aushärten des Gipses lebendige Faltenwürfe darstellen sollten. Dass Studien von Faltenwürfen und Draperien kaum an lebenden Modellen vorgenommen werden konnten, erscheint durchaus verständlich, hält man sich vor Augen, dass Draperien aus gehärtetem Gips vielmehr wie eine Momentaufnahme wirken, die den natürlichen Fall der Gewänder und die Bewegungen der Stoffbahnen ‚einfrieren'. So konnten die Künstler den Faltenwurf ausführlich studieren, ohne dass sich dieser veränderte, so wie es bei bewegtem, flatterndem Stoff der Fall gewesen wäre. Das zuvor angesprochene Model der Lucretia aus der Werkstatt Sansovinos (Abb. 7) verdeutlicht die Vorteile, die eine völlig still stehende Figur aufwies, um etwa den Lichteinfall auf das textile Gewand und die Modellierung von Faltenwürfen anhand von Licht und Schatten zu studieren. Es ist keineswegs zu weit hergeholt, wenn wir in Anbetracht dieser Werke davon sprechen, dass sie allesamt ‚Meditationen über das Licht' seien.[72]

Aufschluss über die Bedeutung, die der Darstellung von Gewändern seitens der Künstler zukam, gibt uns die Überlieferung einer Konversation zwischen Pietro Bellori und dem römischen Maler Carlo Maratta. Als Maratta gefragt wird, was sich denn schwieriger gestalte zu malen, ein Akt oder Gewänder, so lautet seine eindeutige Antwort:

[72] Gigetta Dalli Regoli beschreibt die Gewandstudien auf Leinen als „meditations on light" und bezeichnet sie weiter als „studies devoted to the use of supple surfaces and fluid materials"; zitiert nach Françoise Viatte, Cat. 17, Drapery for a Seated Figure, in: *Leonardo da Vinci, Master Draftsman,* Ausst. Kat. Metropolitan Museum of Art New York, hg. v. Carmen C. Bambach, New

‚Gewänder'. Denn seiner Ansicht nach bezieht der Akt seine Formen aus der Natur, Gewänder und Draperien jedoch besitzen keine natürliche Form und beruhen einzig auf der Kunst und dem Wissen um deren Form und Fall. Draperien, so führt Maratta fort, seien – obgleich sie sich auf den Körper, den sie umgeben, beziehen – im Grunde völlig unnatürlich.[73]

Zeitgenössische Gewandstudien im Vergleich

Dass die gestalterische Ausnutzung des textilen Malgrundes, und nicht das Studium der Gewänder alleine, die wirkliche Innovation Leonardos war, zeigt sich, wenn man diese Arbeiten mit Gewandstudien anderer Künstler vergleicht. Albrecht Dürer beispielsweise verwendete für seine Draperiestudien ausschließlich Papier als Malgrund.[74] Dieses Trägermaterial, obwohl ihm noch weichere und teilweise sogar ‚weiblichere' Qualitäten als etwa dem Holz zugesprochen werden, wie ein illustres Beispiel in Thomas Raffs *Die Sprache der Materialien, Anleitung zu einer Ikonologie der Werkstoffe* veranschaulicht, erweist sich jedoch bei der Darstellung von Gewändern als um ein vielfaches ‚härter' und grafisch wirkender als das feine Leinen (Abb. 11).[75] In der direkten

Haven / London 2003, S. 290 und allgemein zu ausgewählten Gewandstudien Gigetta Dalli Regoli, Il „piegar de' panni", in: *Critica d'arte* XXII (1976), H. 150, S. 35–48.

[73] Diese Aussage Marattas bezüglich der Darstellung von Draperien und Gewänder gibt Pietro Bellori in seinen *Vite de' pittori, scultori et architetti moderni* von 1672 wieder; zitiert nach Philip Sohm, *Pittoresco, Marco Boschini, his Critics, and their Critics of Painterly Brushwork in Seventeenth- and Eighteenth Century Italy*, Cambridge 1991, S. 73.

[74] Vgl. Viatte, Die Gewandstudien (wie Anm. 70), S. 14.

[75] In einer Anmerkung zur Holztafel und dessen Materialität führt Thomas Raff folgendes Beispiel an: „Anton Raphael Mengs malte 1765 zwei zusammengehörige Pastelle, die als verschollen gelten: Das eine zeigte eine junge griechische Tänzerin, das andere einen alten Philosophen.

Gegenüberstellung zweier Gewandstudien von Dürer, auf Papier, und Leonardo – oder seinem Umkreis –, auf Leinwand, wird die zeichnerische Komponente und starke Konturierung der Studie auf Papier deutlich (vgl. Abb. 9 und Abb. 11). Natürlich ist diese grafische Wirkung nicht nur allein durch den unterschiedlichen Bildträger bedingt, sondern vor allem auch mit der Wahl des Zeichengerätes verbunden. Der klassische Gebrauch des Silberstifts bei einer solchen Zeichnung auf Papier, wie wir sie bei Dürer sehen, hinterlässt sehr viel stärkere Konturierungen und Linien als der Gebrauch eines Pinsels.[76] Allerdings, und das muss an dieser Stelle besonders hervorgehoben werden, wäre die Bearbeitung einer weichen, und vor allem ungrundierten, dem Druck des Zeichengerätes nachgebenden Leinwand mit ihrer unebenen Oberflächenstruktur mittels eines harten Silberstiftes in der Praxis kaum möglich. Da Leinwand, unabhängig davon, wie fein sie gearbeitet ist, aufgrund ihrer Webstruktur eine markante Oberflä-

Die Bilder waren als Allegorien der ‚Sinnenfreude' und der ‚Vernunft' in Auftrag gegeben worden. Die Zeitgenossen bemerkten, daß die Tänzerin auf Pergament, der Philosoph dagegen auf Holz gemalt war. Es darf vermutet werden, daß die unterschiedlichen Materialien nicht nur aus ästhetischen Gründen gewählt wurden, sondern zusätzlich zur Aussage der beiden Allegorien beitragen sollten"; Heinz-Th. Schulze Altcappenberg, *Le Voltaire de l'Art. Johann Georg Wille (1715–1808) und seine Schule in Paris,* Münster 1987, S. 235–238; zitiert nach Thomas Raff, *Die Sprache der Materialien, Anleitung zu einer Ikonologie der Werkstoffe,* München 1994, S. 16, Anm. 27. Die Leichtigkeit des Tanzes, dargestellt durch die weibliche Tänzerin, wird mittels des fragilen Materials Pergament betont, während die Schwere und Gewichtigkeit der Philosophie einmal durch den männlichen Philosophen und darüber hinaus zusätzlich durch das physische Gewicht der robusten Holztafel verdeutlicht wird.

[76] Zu einer Untersuchung historischer Zeichengeräte mittels Rekonstruktion selbiger siehe Ingo Sandner, Zeichengeräte um 1500, in: *Unsichtbare Meisterzeichnungen auf dem Malgrund. Cranach und seine Zeitgenossen,* hg. v. ders., Regensburg 1998, S. 51–61 und ganz besonders die Studie von Andreas Siejek, Identifikation und Rekonstruktion graphischer Mittel auf dem Malgrund, in: *Die Unterzeichnung auf dem Malgrund, Graphische Mittel und Übertragungsverfahren*

chenstruktur und Textur aufweist, hat sie eine alles andere als plane Oberfläche wie etwa das Papier oder auch die grundierte und glatt polierte Holztafel. Leonardos Gewandstudien sind jedoch auf einer Leinwand entstanden, die lediglich mit einem dünnen Farbauftrag präpariert war, der kaum als Grundierung erachtet werden kann. Diese ‚technische Innovation' der Gewandstudien auf Leinwand wird von der Forschung zwar anerkannt, möglichen Gründen für diese Neuerung wird jedoch nicht weiter nachgegangen.[77] Die Schlussfolgerung Carmen Bambachs, Leonardo hätte die feine Leinwand als Malgrund für seine Gewandstudien verwendet, da sich diese besser für die von ihm angewandte Maltechnik in Tempera eigne, erweist sich jedoch als Zirkelschluss. Denn auch wenn ihre Erklärung bezüglich der besseren Anwendbarkeit von Tempera auf Leinwand gegenüber einem anderen Malgrund teilweise durchaus korrekt ist, so verschleiert ihre Begründung aber, dass Tempera für solche Studien kaum gängig war. Somit stellt sich die Frage, welche Materialwahl als Erstes getroffen wurde und die Verwendung des jeweils anderen Materials nach sich zog. Meines Erachtens wählte Leonardo zuerst die feine Leinwand als Malgrund, da diese die Wirkung der Stofflichkeit der dargestellten Gewänder aufgrund ihrer textilen Materialität nicht nur aufgreift, sondern diese intensiviert und steigert. Die Entscheidung für einen

im 15.–17. Jhd., hg. v. Ingo Sandner, München 2004, S. 13–146.

[77] Zur Beschaffenheit der sehr dünn aufgetragenen, als eine Art Grundierung intendierten Farbschicht siehe auch Bambach, Leonardo (wie Anm. 70), S. 44.

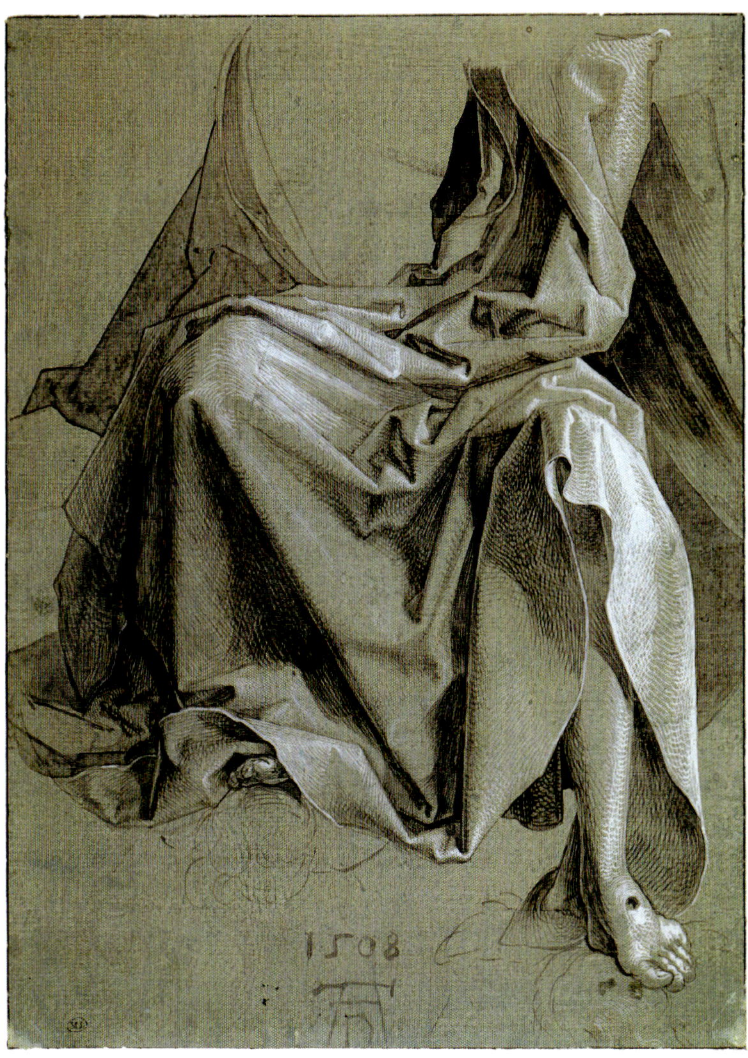

Abb. 11: Albrecht Dürer, Studie zum Gewand Christi, 1508, Pinsel in Schwarz und Grau, mit Deckweiß gehöht, auf grün grundiertem Papier, 25,5 x 19 cm, Paris, Musée du Louvre, Département des Arts Graphiques (Inv. 18597).

textilen Malgrund begründete sodann die Auswahl von Tempera als geeignetem Medium.[78] Die hier von Leonardo angewandte Temperatechnik bedingt sich aus der bewussten und gezielten Wahl der Leinwand als Malgrund. Die Verbindung von Leinwand und Tempera ist für Leonardos künstlerische Arbeit in diesem Fall eine ideale Verbindung zweier Medien, um die in Gips erstarrten Draperien der Bildhauermodelle, die ihm als Vorlage dienten, wieder in ihre ursprüngliche Materialität des Textilen zurückzuführen. Sein allgemein progressiver Umgang mit den künstlerischen Materialien zeigt sich auch im Gebrauch der Ölmalerei in seinen Tafelbildern zu einer Zeit, in der die Verbreitung dieser Maltechnik noch recht jung war. Umso erstaunlicher jedoch ist, dass sich seine Bereitschaft, neue Materialien und Techniken zu verwenden, bei seinen Gemälden nicht in der Wahl der Bildträgers widerspiegelt. Leonardo bleibt der Holztafel in seinem Gesamtwerk ausnahmslos treu: Es lässt sich kein einziges Gemälde, außer den Gewandstudien, auf Leinwand finden.[79] Auch in den zahllosen Zeichnungen und anatomisch-wissenschaftlichen Studien, die von Leonardo angefertigt wurden, verwendet er ausschließlich Papier oder Pergament. Die einzige bekannte Ausnahme in seinem Gesamt-

[78] Auch Sabine Feser erklärt sich im Vorwort zu der neu herausgegebenen und kommentierten Übersetzung von Vasaris Vita des Leonardo da Vinci die Verwendung eines textilen Untergrundes aus der besseren Anwendbarkeit von Temperapigmenten auf selbigem. Eine bewusste Entscheidung Leonardos für Leinwand als Malgrund aufgrund ihrer stofflichen Beziehung mit dem Dargestellten fassen aber weder Feser noch Bambach als Möglichkeit ins Auge; vgl. Bambach, Leonardo (wie Anm. 70), S. 48 und Sabine Feser in Vasari, Leonardo da Vinci (wie Anm. 65), S. 58, Anm. 16.

[79] Auch nach eingehendem Studium der gängigen Werkverzeichnisse Leonardo da Vincis ließ sich keines seiner Staffeleimalereien als ‚auf Leinwand' gefertigt ausmachen. Einige wenige seiner Werke, die ursprünglich auf Holz angefertigt wurden, wurden im Laufe restauratorischer Ein-

werk bildet hier die Gruppe der Gewandstudien, die allesamt auf dem textilen Bildträger, *tela sottilissima,* angefertigt wurden. Die Wahl des textilen Bildträgers blieb für viele Kunsthistoriker bislang der mysteriöseste Aspekt dieser Arbeiten.[80] Nicht nur bloße Studien sind diese Werke Leonardos, sondern vielmehr visuelle Untersuchungen der Oberflächen und fließenden Materialien. Es entsteht ein Dialog zwischen echtem, vorhandenem Stoff und gemaltem Textil.

Bemerkenswert ist auch, dass Leonardo zwar außer den Gewandstudien keine seiner anderen Werke auf Leinwand ausführte, ihn dies

griffe auf Leinwand übertragen. Da diese Übertragung aber in zahlreichen Publikationen und auch einigen Werkverzeichnissen nicht genannt wird und lediglich der jetzige – nachträglich angebrachte – Bildträger Leinwand angegeben wird, führt dies teilweise zu der falschen Annahme, der Künstler selbst habe Leinwand als Bildträger verwendet. Als Gemälde Leonardos, die nachträglich auf Leinwand übertragen wurden, wären Folgende zu nennen: Die *Felsgrottenmadonna (Maria mit dem Christuskind, dem Johannesknaben und einem Engel),* 1483 – 1484/85, Öl auf Holz (auf Leinwand übertragen), 197,3 x 120 cm, Paris, Musée du Louvre, Inv. 777; *Madonna Benois,* um 1478 – 1480, Öl auf Holz (auf Leinwand übertragen), 49,5 x 31 cm, St. Petersburg, Eremitage; *Johannes der Täufer (mit Attributen des Bacchus),* um 1513 – 1519, Öl auf Holz (auf Leinwand übertragen), 177 x 115 cm, Paris, Musée du Louvre, Inv. 780 (wahrscheinlich aus der Werkstatt Leonardos); vgl. Frank Zöllner, *Leonardo da Vinci, Sämtliche Gemälde und Zeichnungen,* Köln 2007, S. 210 – 250. Zum Verfahren der Übertragung von Holz auf Leinwand siehe Knut Nicolaus, Handbuch (wie Anm. 13), S. 67, der dieses unumkehrbare Verfahren als „ultima ratio" bezeichnet. Edgar Denninger gibt 1963 teilweise brachial klingende Anweisungen zur Abtragung der alten Holztafel: „Bei dicken Holztafeln werden quer zu den Fasern in Abständen von 2 – 3 cm parallele Säge-Einschnitte gemacht, die etwa zur Hälfte der Dicke hineinreichen. Dann kann mit dem Stemmeisen der grössere Teil des Holzes leicht abgenommen werden; der Rest wird mit einem flachgewölbten Stechbeitel entfernt. [...] Es ist zweckmässig, für die Abtragung des harten Astholzes einen kleinen zylindrischen Metallfräser an biegsamer Welle zu verwenden." Vgl. Edgar Denninger, Ein Verfahren zur Übertragung italienischer Tafelbilder des 13. bis 15. Jahrhunderts, in: *Über die Erhaltung von Gemälden und Skulpturen,* hg. v. Rolf E. Straub, Zürich / Stuttgart 1963, S. 99 – 106, S.104.

[80] André Chastel bezeichnet die verwendeten Materialien, Leinwand und Tempera, als „l'aspect le plus mystérieux" beziehungsweise „le moins évident de cette affaire"; vgl. Chastel, Léonard: Pans et Plis (wie Anm. 70), S. 13.

aber nicht daran hinderte, in seinen Notizen zum *Trattato della Pittura* über den Gebrauch von Farbe auf Leinwand zu schreiben. In Paragraph 514, heißt es darin:

> Art und Weise auf ungrundirte Leinwand zu coloriren. Du spannst deine Leinwand auf einen Blendrahmen, gibst ihr einen schwachen Leim, lässest es trocken werden und zeichnest auf. Die Fleischfarbe trägst du mit Borstpinseln auf und arbeitest so im Nassen die Schatten verblasen in einander, nach deiner Art und Weise. Die (Mischung der) Fleischfarbe wird sein: Weiss, Lack und Neapelgelb; der Schatten: Schwarz und Majolika, nebst ein klein wenig Lack, oder auch Hart-Röthel.[81]

Die intensive Beschäftigung mit und das Abzeichnen von Gewändern und Draperien an sich war eine gängige Form der Vorstudie für spätere Werke, um die künstlerische Umsetzung von Faltenwürfen und Ähnlichem zu erforschen, wie am Beispiel von Dürers Studie für die Rosenkranzmadonna ersichtlich wird. Eines der bekanntesten Beispiele ist das umfangreiche Werk, das in seiner „Fülle und Qualität ohne Parallelen"[82] war, des sogenannten ‚Meister der Gewandstudien' oder auch ‚Meister der Coburger Rundblätter', der gegen Ende des

[81] Lionardo da Vinci, *Das Buch von der Malerei*, Bd. 1., (Nach dem Codex Vaticanus (Urbinas) 1270), hg. übers. und erl. v. Heinrich Ludwig, Wien 1882, S. 507, Paragr. 558. Das Originalzitat lautet: „Modo di colorire in tela; Metti la tua tela in telaro, et dagli colla debole, e lascia secare e disegna, e da l'incarnationi coi penelli di setole, e cosi fresche farai l'ombra sfumata à tuo modo. L'incarnatione sara biacca lacca e gialorino, l'ombra sara nero e maiorica e un poco di lacca o'voi lapis duro sfumato che tu hai lascia secare poi ritocca à secco con Lacca e goma stata assai tempo coll'acqua gomata insieme liquida, ch'è megliore perche fa l'ufitio suo sanza lustrare." Vgl. Leonardo da Vinci, *Treatise on Painting* (Codex Urbinas Latinus 1270), Bd. 2 (Faksimile), übers. u. kommentiert v. A. Philip McMahon, mit einer Einführung v. Ludwig H. Heydenreich, Princeton 1956, Parte Terza, Folio 161v, Paragraph 558.

[82] *Spätmittelalter am Oberrhein. Maler und Werkstätten,* 1450 – 1525, Ausst. Kat. Staatliche Kunsthalle Karlsruhe, hg. v. Dietmar Lüdke u. Holger Jacob-Friesen, Stuttgart 2001, S. 267.

15. Jahrhunderts nördlich der Alpen am Oberrhein tätig war. Die von ihm überlieferten Werke sind allerdings ausschließlich auf Papier entstanden, wie die nähere Betrachtung der ihm zugeschriebenen Studien zeigt (Abb. 12).[83] Auch waren Studien von Kleidung für die mittelalterlichen Musterbücher der Malerwerkstätten in Umlauf, darunter auch Werke von Antonio Pisanello (1397–1455) und Giovannino de'Grassi (1340/50–1398).[84] Doch hier war die Motivation für die Anfertigung solcher Draperiestudien eine andere. Sowohl im Musterbuch aus der Biblioteca Civica Angelo Mai in Bergamo, das de'Grassi und seiner Werkstatt zugeschrieben wird und zwischen 1380 und 1400 entstand, als auch im Fall der Zeichnungen Pisanellos dienten die Studien und Zeichnungen von Gewändern und Kleidung vorrangig der Anfertigung eben dieser Musterbücher, die später als Vorlagen für weitere Werke Verwendung fanden.[85] In keiner überlieferten Gewandstudie anderer Künstler zwischen dem 14. und 16. Jahrhundert lässt sich ein textiler Malgrund, wie wir ihn bei Leonardos Gewand-

---

[83] Siehe hierzu die Ausstellung *Spätmittelalter am Oberrhein* von 2001, die das sowohl umfangreiche wie auch außergewöhnliche Œuvre dieses unbekannten Meisters im Kontext seiner Zeitgenossen – etwa Martin Schongauer und auch Albrecht Dürer – untersuchte; vgl. Anm. 82.

[84] Zu Pisanellos Zeichnungen siehe u. a. Bernhard Degenhart / Annegrit Schmitt, *Pisanello und Bono da Ferrara,* München 1995, zum Musterbuch Giovannino de'Grassis aus der Biblioteca Civica Angelo Mai in Bergamo siehe Robert W. Scheller, *Exemplum, Model-Book Drawings and the Practice of Artistic Transmission in the Middle Ages (ca. 900 – ca. 1470),* Amsterdam 1995, besonders S. 277–291 mit weiteren bibliografischen Angaben zu besagtem Werk de'Grassis und seiner Werkstatt.

[85] Das Musterbuch Giovannino de'Grassis besteht aus 31 Blättern Pergament, auf denen sich etwa 85 Zeichnungen befinden, die in unterschiedlichen Techniken, u. a. Silberstift mit Weißhöhungen als auch Pinsel, Feder und eine Art Aquarelltechnik, vor allem im Bereich der Gewänder, ausgeführt wurden.

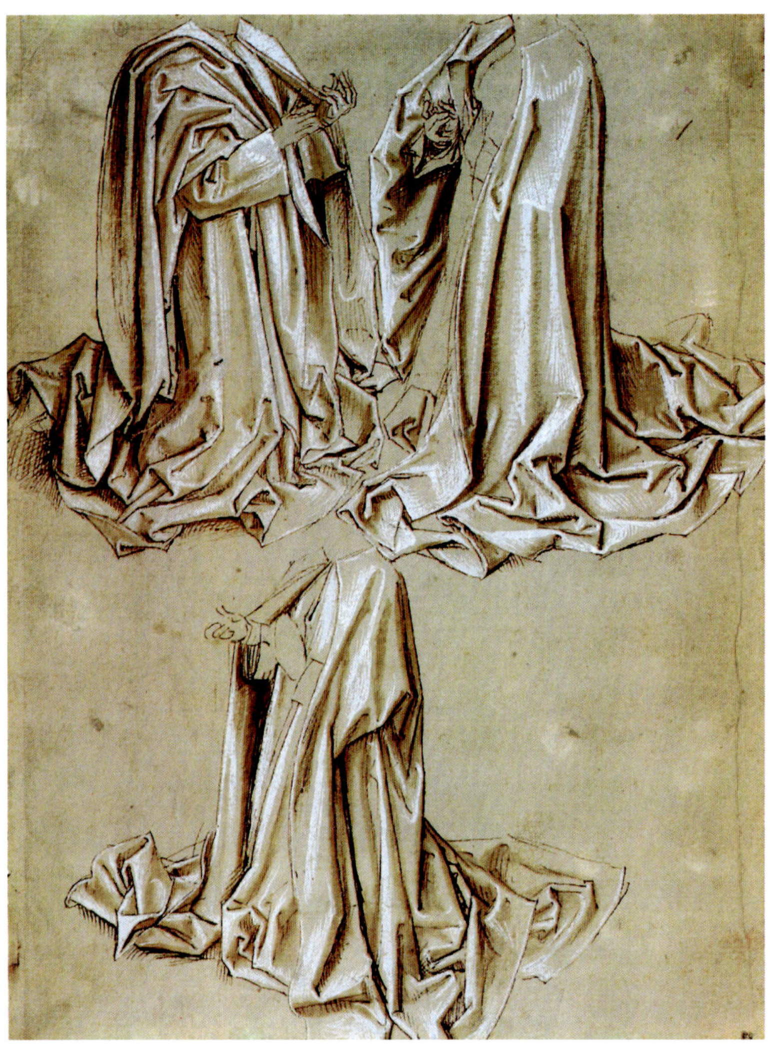

Abb. 12: Meister der Gewandstudien (Meister der Coburger Rundblätter), Gewandstudien für drei kniende Figuren, ca. 1475 – 1500, Feder und braune Tinte mit Weißhöhungen auf grau-laviertem Papier, 38 x 21 cm, Paris, Musée du Louvre, Cabinet des Dessins (Inv. 20650).

studien vorfinden, in den Werken wiederfinden. Sie wurden allesamt auf den für diese Studien konventionellen Trägermaterialien Papier oder Pergament ausgeführt.[86] Dieser konkrete Vergleich einiger ausgewählter Gewandstudien verschiedener Künstler – wie dem Meister der Gewandstudien, Dürer, Pisanello oder auch de'Grassi – mit den Gewandstudien Leonardos unterstreicht die Außergewöhnlichkeit seiner Werke auf *tela sottilissima di lino.* Dass die Versuche einer möglichen Zuordnung dieser Gewandstudien zu späteren Werken mit beinahe ungestilltem Drang fortgesetzt werden, verdeutlicht, dass es der Forschung bislang schwer fiel, diese Gewandstudien als eine eigene, in sich geschlossene Werkgruppe anzuerkennen, die trotz ihres studien- und skizzenähnlichen Charakters weder die Funktion von Vorstudien noch von Vorlagen erfüllt.[87] Erst in der neueren Forschung wird den Gewandstudien auf Leinwand eine eigene ‚Nische' als in sich geschlossene Arbeiten eingeräumt.[88]

[86] Charles de Tolnay betont, dass das vorherrschende Material für Zeichnungen in der Renaissance Papier war, wobei er anmerkt, dass einige Künstler teilweise auch Pergament als Trägermaterial für Ihre Zeichnungen verwendeten. Leinwand als Bildträger für Zeichnungen kommt in De Tolnays Ausführungen jedoch nicht vor; vgl. De Tolnay, *History and Technique of Old Master Drawings,* New York 1972, S. 74.

[87] Die Zuschreibungsdebatte reicht zurück bis ins 19. Jahrhundert. Heinrich Wölfflin war einer der ersten, der sich dieser Problematik annahm. Zahlreiche Kunsthistoriker, von Wölfflin über Bernard Berenson, Bernhard Degenhart, Jean Cadogan, Carlo Pedretti, André Chastel, Françoise Viatte und in jüngerer Zeit Carmen Bambach, haben sich bislang mit dieser Zuschreibungsproblematik auseinander gesetzt und sind zuweilen zu sehr unterschiedlichen Ergebnissen gelangt. Eine knappe, aber einführende Zusammenfassung der unterschiedlichen Zu- und Abschreibungen verschiedenster Autoren gibt Franziska Windt in ihrer Studie über die Zusammenarbeit Andrea del Verrocchios und Leonardo da Vincis, vgl. Franziska Windt, *Andrea del Verrocchio und Leonardo da Vinci, Zusammenarbeit in Skulptur und Malerei,* (= Beiträge zur Kunstgeschichte des Mittelalters und der Renaissance, Bd. 11), hg. v. Joachim Poeschke, Münster 2003, S. 107, Anm. 382 und 383.

[88] Siehe dazu Viatte, Léonard de Vinci (wie Anm. 70) und *Drawing in the Italian Renaissance Workshop,* Ausst. Kat. University of Art Gallery Nottingham / Victoria and Albert Museum Lon-

Dass sich beinahe keine dieser Gewandstudien bestimmten Werken exakt zuordnen lassen, in denen der spezifische Faltenwurf der Draperie der Gewandstudien wiedergefunden werden konnte, verunsicherte viele Kunsthistoriker bislang. Die mannigfachen Materialien der späteren Werke jedoch, denen diese Vorstudien scheinbar zugrunde gelegen haben sollen, waren vielleicht sogar von noch rätselhafterer Natur. Von viel größerer Bedeutung als eine endgültige Zuschreibung an Leonardo da Vinci ist jedoch, dass alle bereits erwähnten Gewandstudien auf Leinwand, wenn nicht von ihm selbst, so doch aus seinem unmittelbaren Umkreis stammen.[89] Die alleinige Tatsache, dass florentinische Künstler im letzten Viertel des 15. Jahrhunderts einen textilen Bildträger für die Darstellung textiler Objekte verwendeten, kann als Zeichen eines neu aufkommenden Gespürs für die ästhetischen Qua-

don, hg. v. Francis Ames-Lewis u. Joanne Wright, London 1983, S. 147. „Une relation précise avec une œuvre peinte doit, comme dans les autres études du groupe, être ècartée." Vgl. Viatte, Léonard de Vinci (wie Anm. 70), S. 74.

[89] Diesbezüglich ist der lapidare Kommentar Arthur E. Pophams – entstanden in Zusammenhang mit seiner Abschreibung der Draperiestudien auf Leinwand von Leonardo –, dass diese Praxis in Verrocchios Werkstatt gängig gewesen sei und Ähnliches auch von anderen Künstlern bekannt sei, besonders interessant, da er doch einen Hinweis darauf gibt, dass die Nutzbarmachung des textilen Bildträgers nicht nur eine Eigenart Leonardos war, sondern durchaus weitere Verbreitung fand. Siehe hierzu das Originalzitat in Arthur E. Popham, *The Drawings of Leonardo da Vinci (Erstpublikation 1946),* neu hg. und eingel. v. Martin Kemp, London ^{2}1994, S. 11: „The practice must have been one current in Verrocchio's *bottega* – perhaps in others – and drawings of this character certainly by other painters, Fra Bartolommeo and Sogliani for example, are known. The medium is an impersonal one and the artist's individual outlook is apparent rather in the arrangement of the draperies on the model than in the actual handling." Um der jeweiligen Zuschreibungsfrage nicht zu viel Gewichtung zu geben, aber dennoch den Anteil, den Leonardo an diesen Werken, direkt oder indirekt, hatte, zu betonen behilft sich André Chastel in seinem Katalogbeitrag zur Louvre Ausstellung von 1989 mit dem geschickt gewählten Adjektiv „léonardesques"; vgl. Chastel, Léonard: Pans et Plis (wie Anm. 70), S. 12.

litäten des textilen Malgrunds gewertet werden. Somit verdeutlicht Bernard Berensons Kommentar die Qualität und Besonderheit dieser Studien, wenn er bemerkt: „They are the despair of the student, for they are too good and too important to have been the handiwork of nobody in particular.“[90]

Vom Material im Prozess zur Ästhetisierung des Materials

Wie die vorliegenden Ausführungen zum Aufkommen der Leinwand als Bildträger und der damit einhergehenden Ästhetisierung dieses textilen Materials aufgezeigt haben, wird ein künstlerisches Gespür für die ästhetischen Qualitäten der Leinwand nicht erst in der zweiten Hälfte des Cinquecento, mit dem Beginn des sichtbaren Pinselstrichs, erkennbar, sondern bereits deutlich früher, an der Schnittstelle zwischen der Holz- und Leinwandmalerei. Sowohl Künstler Venedigs als auch der Florentiner Leonardo da Vinci bezeugen ein künstlerisches Interesse an den ästhetischen Qualitäten des textilen Materials, lange bevor die Leinwand sich als primärer Bildträger in ganz Italien durchsetzte. Waren es bei den Bellini-Brüdern vermutlich noch praktische Gründe, die sie bewogen, die zerstörten Fresken im Palazzo Ducale durch Gemälde auf Leinwand zu ersetzen und somit vor der Vergänglichkeit zu bewahren, so wurde bei genauerer Betrachtung der außergewöhnlichen Gewandstudien auf Leinwand Leonardo da Vincis deutlich, dass

---

[90] Bernard Berenson, *The Drawings of the Florentine Painters,* Bd. 1, Chicago [2]1938, S. 79. Weiter spricht Berenson die Innovation und ‚Modernität' dieser Studien an, wenn er schreibt: „Leonardo was perhaps the first modern artist who treated drapery neither as mere calligraphy nor as ornament [but instead as] ... real tissues, made up as real clothing“; vgl. ebd. S. 176.

es dem Künstler hier vielmehr darum ging, den flüchtigen Moment der Bewegung fallender Gewänder und Stoffe einzufangen und die Materialität der textilen Vorlage – leinene Draperien am Modell – in einen Dialog mit dem Medium und der Materialität des Bildträgers – feinstes Leinen – zu setzen. So unterschiedlich diese beiden Ansätze der Malerei auf Leinwand auf den ersten Blick erscheinen mögen, so führen sie uns doch deutlich vor Augen, auf welch unterschiedlichen Wegen die Malerei auf textilem Bildträger ihre Anfänge genommen hat. In Venedig entwickelte sich die Leinwandmalerei, und damit folglich auch die Ästhetisierung des Malgrunds, rasant mit ihren Protagonisten wie etwa Tizian, Tintoretto oder auch Veronese; in den anderen Teilen Italiens hingegen sollte es noch viele Jahrzehnte dauern, bis sich die Leinwand als primärer Bildträger durchsetzen konnte.

Literaturverzeichnis

Bambach, Carmen C., Leonardo and drapery studies on „tela sottilissima di lino", in: *Apollo* 159 (2004), H. 503, S. 44–55.

Bätschmann, Oskar, *Giovanni Bellini. Meister der Venezianischen Malerei,* München 2008.

Baxandall, Michael, Bartholomaeus Facius on Painting, A Fifteenth-Century Manuscript of the *De Viris Illustribus,* in: *Journal of the Warburg and Courtauld Institutes* 27 (1964), S. 90–107.

Berenson, Bernard, *The Drawings of the Florentine Painters,* Bd. 1, Chicago [2]1938.

Bomford, David et al., The Techniques of Dieric Bouts: Two Paintings Contrasted, in: *National Gallery Technical Bulletin* 10 (1986), S. 39–57.

Brown, Clifford M. / Lorenzoni, Anna Maria, *Isabella d'Este and Lorenzo da Pavia. Documents for the History of Art and Culture in Renaissance Mantua,* Genève 1982.

Cadogan, Jean K., Linen Drapery Studies by Verrocchio, Leonardo and Ghirlandaio, in: *Zeitschrift für Kunstgeschichte* 46 (1983), S. 27–62.

Chastel, André, Léonard: Pans et Plis, in: *Léonard de Vinci, Les ètudes de draperie,* Ausst. Kat. Musée du Louvre Paris, hg. v. Françoise Viatte, Paris 1989, S. 11–14.

Cloulas, Annie, Documents Concernant Titien Conservés aux Archives de Simancas, in: *Mélanges de la Casa de Velazquez* 3 (1967), S. 197–288.

Collins, Brenda / Ollerenshaw, Philip (Hg.), *The European Linen Industry in Historical Perspective,* New York 2003.

Contarini, Pietro, *Dizionario Tascabile delle voci e frasi particolari del Dialetto Veneziano,* Venezia 1852.

Crowe, J. A. / Cavalcaselle, J. B., *A History of Painting in North Italy,* Bd. 1, London [2]1912.

Dalli Regoli, Gigetta, Il „piegar de' panni", in: *Critica d'arte* XXII (1976), H. 150, S. 35–48.

Da Vinci, Lionardo, *Das Buch von der Malerei, (Nach dem Codex Vaticanus (Urbinas) 1270),* hg., übers. und erl. v. Heinrich Ludwig, Wien 1882.

Da Vinci, Leonardo, *Treatise on Painting (Codex Urbinas Latinus 1270),* übers. u. kommentiert v. A. Philip McMahon, mit einer Einführung v. Ludwig H. Heydenreich, Princeton 1956.

Degenhart, Bernhard / Schmitt, Annegrit, *Pisanello und Bono da Ferrara,* München 1995.

Dehmer, Andreas, I*talienische Bruderschaftsbanner des Mittelalters und der Renaissance,* München / Berlin 2004.

Denninger, Edgar, Ein Verfahren zur Übertragung italienischer Tafelbilder des 13. bis 15. Jahrhunderts, in: *Über die Erhaltung von Gemälden und Skulpturen,* hg. v. Rolf E. Straub, Zürich / Stuttgart 1963, S. 99–106.

De Tolnay, Charles, *History and Technique of Old Master Drawings,* New York 1972.

Doy, Gen, *Drapery. Classicism and Barbarism in Visual Culture,* London / New York 2002.

Drawing in the Italian Renaissance Workshop, Ausst. Kat. University of Art Gallery Nottingham / Victoria and Albert Museum London, hg. v. Francis Ames-Lewis u. Joanne Wright, London 1983.

Dürer, Albrecht, *Schriften, Tagebücher, Briefe,* Bd. 1, hg. und eingel. v. Max Steck, Stuttgart 1961.

Dunkerton, Jill, Developments in colour and texture in Venetian painting of the early 16th century, in: *New Interpretation of Venetian Renaissance Painting,* hg. v. Francis Ames-Lewis, London 1994, S. 63–76.

Dunkerton, Jill / Roy, Ashok, Uccello's Saint George and the Dragon. Technical Evidence Re-evaluated, in: *National Gallery Technical Bulletin* 19 (1998), S. 26–30.

Dunkerton, Jill / Foister, Susan / Penny, Nicholas (Hg.), *Dürer to Veronese. Sixteenth-Century Painting in The National Gallery,* New Haven / London 1999.

Fehrenbach, Frank, Veli sopra Veli. Leonardo und die Schleier, in: *Ikonologie des Zwischenraums. Der Schleier als Medium und Metapher,* hg. v. Johannes Endres, Barbara Wittmann u. Gerhard Wolf, München 2005, S. 121–147.

Fletcher, Jennifer, I Bellini, in: *La Bottega dell'artista tra medioevo e rinascimento,* hg. v. Roberto Cassanelli, Milano 1998, S. 131–153.

Fortini Brown, Patricia, *Venetian Narrative Painting in the Age of Carpaccio,* New Haven 1988.

Garrison, Edward B., Note on the Survival of Thirteenth-Century Panel Paintings in Italy, in: *The Art Bulletin* 54 (1972), H. 2, S. 140.

Gibbons, Felton, *Giovanni Bellini and Rocco Marconi,* in: *The Art Bulletin* 44 (1962), H. 2, S. 127–131.

Gilbert, Creighton E. / Janson, H. W. (Hg.), *Italian Art 1400–1500,* New Jersey 1980.

Glasser, Hannelore, *Artists' Contracts of the Early Renaissance,* New York / London 1977.

Goethe, Johann Wolfgang, Ältere Gemälde. Neuere Restaurationen in Venedig, betrachtet 1790, in: *Goethes Sämtliche Werke* (vollständige und neu durchgesehene Ausgabe), Bd. 2, Stuttgart 1869, S. 848–850.

Goffen, Rona, *Renaissance Rivals. Michelangelo, Leonardo, Raphael, Titian,* New Haven / London 2002.

Gramigna, Silvia / Perissa, Annalisa, *Scuole grandi e piccole a Venezia tra arte e storia. Confraternite di mestieri e devozione in sei itinerari,* Venezia 2008.

Heimberg, Bruno, „Nostro Apelle Novello". Tintoretto und die Italienische Staffeleimalerei vom 13. bis 16. Jahrhundert, in: *Tintoretto. Der Gonzaga-Zyklus,* Ausst. Kat. Bayrische Staatsgemäldesammlung Alte Pinakothek München, München 2000, S. 227–237.

Huse, Norbert, *Studien zu Giovanni Bellini,* Berlin / New York 1972.

Ilchman, Frederick, Venetian Painting in an Age of Rivals, in: *Titian, Tintoretto, Veronese. Rivals in Renaissance Venice,* Ausst. Kat. Museum of Fine Arts Boston, hg. v. ders., Farnham 2009, S. 21–40.

Krausse, Joachim, Art. „Ephemer", in: *Ästhetische Grundbegriffe,* Bd. 2, hg. v. Karlheinz Barck et al., Stuttgart / Weimar 2001, S. 240–260.

Kristeller, Paul, *Andrea Mantegna,* Berlin / Leipzig 1902.

Kubersky-Piredda, Susanne, *Kunstwerke – Kunstwerte. Die Florentiner Maler der Renaissance und der Kunstmarkt ihrer Zeit,* Norderstedt 2005.

Kühn, Hermann, Farbmaterialien, Pigmente und Bindemittel, in: *Reclams Handbuch der künstlerischen Techniken,* Bd. 1, Stuttgart [2]2002, S. 7–54.

Lanaro, Paola (Hg.), *At the Centre of the Old World. Trade and Manufacturing in Venice and the Venetian Mainland 1400–1800,* Toronto 2006.

Lane, Frederic C., *Venetian ships and shipbuilders of the Renaissance,* (Nachdruck der Erstausgabe von 1934) Baltimore 1975.

Lane, Frederic C., *Seerepublik Venedig,* München 1980.

Léonard de Vinci. Les études de draperie, Ausst. Kat. Musée du Louvre Paris, hg. v. Françoise Viatte, Paris 1989.

Leonardo da Vinci. Master Draftsman, Ausst. Kat. Metropolitan Museum of Art New York, hg. v. Carmen Bambach, New Haven / London 2003.

Lorenzi, Giambattista, *Monumenti per servire alla storia. Del Palazzo Ducale di Venezia. Parte I dal 1253 al 1600,* Venezia 1868.

Manieri Elia, Giulio / Bianchini, Erika (Hg.), *Capolavori Restaurati. Le Gallerie dell'Accademia e Save Venice Inc.,* Venezia 2010.

Martindale, Andrew, *The triumphs of Caesar by Andrea Mantegna in the collection of Her Majesty the Queen at Hampton Court,* London 1979.

Massing, Ann, A Short History of Tempera Painting, in: *Making Medieval Art,* hg. v. Phillip Lindley, Donnington 2003, S. 30–41.

Matthew, Louisa C., Vendecolori a Venezia. The Reconstruction of a Profession, in: *The Burlington Magazine* 144 (2002), S. 680–686.

Merrifield, Mary P., *Original treatises, dating from the XIIth to the XVIIIth centuries. On the arts of painting in oil, miniature, mosaic, and on glass; of gilding, dyeing, and the preparation of colours and artificial gems,* Bd. 2, London 1849.

Meyer zu Capellen, Jürg, *Gentile Bellini,* Stuttgart 1985.

Monnas, Lisa, *Merchants, princes and painters. Silk fabrics in Italian and Northern paintings, 1300 – 1550,* New Haven / London 2008.

Neuner, Stefan, Bild und Segel, Teil 1, Über einige nautische Implikationen der venezianischen Malerei, in: *Archiv für Mediengeschichte* 10 (2010), S. 47– 67.

Neuner, Stefan / Pichler, Wolfram, Tintorettos Schwellenkunde, in: *Ikonologie des Zwischenraums. Der Schleier als Medium und Metapher,* hg. v. Johannes Endres, Barbara Wittmann u. Gerhard Wolf, München 2005, S. 243 – 286.

Newton, Stella Mary, *The Dress of the Venetians 1495–1525,* Aldershout 1988.

Nicolaus, Knut, *Handbuch der Gemälderestaurierung,* Köln o. J.

Oberthaler, Elke / Griesser, Martina, Titian's Madonna with the Cherries – A Conservation History Reconsidered, in: *Tradition and Innovation. Advances in Conservation,* Contributions to the Melbourne Congress 10 – 14 October 2000, hg. v. Ashok Roy u. Perry Smith, London 2000, S. 140–144.

Paolini, Claudio / Faldi, Manfredi (Hg.), *Glossario delle tecniche pittoriche e del restauro,* Firenze 1999.

Pächt, Otto, *Venezianische Malerei des 15. Jahrhunderts. Die Bellinis und Mantegna,* hg. v. Margareta Vyoral-Tschapka u. Michael Pächt, München 2002.

Paolini, Claudio / Faldi, Manfredi (Hg.), *Glossario delle tecniche pittoriche e del restauro,* Firenze 1999.

Périer-D'Ieteren, Catheline, *Dieric Bouts. The Complete Works,* Brussels 2006.

Plesters, Joyce, Tintoretto's Paintings in the National Gallery, in: *National Gallery Technical Bulletin* 4 (1980), S. 32 – 48.

Plesters, Joyce / Lazzarini, Lorenzo, I materiali e la tecnica dei Tintoretto della Scuola di San Rocco, in: *Jacopo Tintoretto nel quarto centenario della morte,* hg. v. Paola Rossi u. Lionello Puppi, Padova 1996, S. 275–280.

Poll-Frommel, Veronika / Renger, Konrad / Schmidt, Jan, Untersuchungen an Rubens-Bildern – Die Anstückungen der Holztafeln, in: *Bayerische Staatsgemäldesammlungen, Jahresbericht* (1993), S. 24–35.

Popham, Arthur E., *The Drawings of Leonardo da Vinci* (Erstpublikation 1946), neu hg. und eingel. v. Martin Kemp, London [2]1994.

Poppel, Frans van / Kaa, Dirk J. van de / Bijwaard, Govert E., Life expectancy of artists in the Low Countries from the fifteenth to the twentieth century, in: *Population Studies, A Journal of Demography* 67 (2013), H. 3, S. 275–292.

Raff, Thomas, *Die Sprache der Materialien. Anleitung zu einer Ikonologie der Werkstoffe,* München 1994.

Richter, Jean Paul (Hg.), *The Literary Works of Leonardo da Vinci,* New York [3]1970.

Roy, Ashok, Ruben's ‚Peace and War', in: *National Gallery Technical Bulletin* 20 (1999), S. 89–95.

Sandner, Ingo, *Die Konservierung von Leinwandbildern,* Dresden 1982.

Sandner, Ingo, Zeichengeräte um 1500, in: *Unsichtbare Meisterzeichnungen auf dem Malgrund. Cranach und seine Zeitgenossen,* hg. v. ders., Regensburg 1998, S. 51–61.

Sandrart, Joachim von, *Teutsche Academie der Bau-, Bild- und Mahlerey-Künste,* Nürnberg 1675–1680, wissenschaftl. komm. Online-Edition, hg. v. Thomas Kirchner et al., 2008–2012, TA 1675, Lebenslauf, S. 7, http://ta.sandrart.net/-text-625 vom 12.03.2014.

Scheller, Robert W., *Exemplum. Model-Book Drawings and the Practice of Artistic Transmission in the Middle Ages (ca. 900 – ca. 1470),* Amsterdam 1995.

Schulz, Juergen, Vasari at Venice, in: *The Burlington Magazine* 103 (1961), S. 500–511.

Schulze, Winfried, *Deutsche Geschichte im 16. Jahrhundert. 1500–1618,* Frankfurt a. M. 1987.

Schwartz, Gary, Ars Moriendi, The Mortality of Art, in: *Art in America* 84 (1996), H. 11, S. 72–75.

Sella, Domenico, The Rise and Fall of the Venetian Woolen Industry, in: *Crisis and Change in the Venetian Economy in the Sixteenth and Seventeenth Centuries,* hg. und eingel. v. Brian Pullan, London 1968, S. 106–126.

Siejek, Andreas, Identifikation und Rekonstruktion graphischer Mittel auf dem Malgrund, in: *Die Unterzeichnung auf dem Malgrund. Graphische Mittel und Übertragungsverfahren im 15.–17. Jhd.,* hg. v. Ingo Sandner, München 2004, S. 13–146.

Sohm, Philip, *Pittoresco. Marco Boschini, his Critics, and their Critics of Painterly Brushwork in Seventeenth- and Eighteenth Century Italy,* Cambridge 1991.

Sonnenburg, Hubert von, Rubens' Bildaufbau und Technik. I: Bildträger, Grundierung und Vorskizzierung, in: *Maltechnik-Restauro* 2 (1979), S. 77–100.

Spätmittelalter am Oberrhein. Maler und Werkstätten, 1450–1525, Ausst. Kat. Staatliche Kunsthalle Karlsruhe, hg. v. Dietmar Lüdke u. Holger Jacob-Friesen, Stuttgart 2001.

Straub, Rolf E., Tafel- und Tüchleinmalerei des Mittelalters, in: *Reclams Handbuch der künstlerischen Techniken,* Bd. 1, Stuttgart ²2002, S. 125–260.

Vander Auwera, Joost, Rubens Copied and Recycled. A Genius Multiplied, in: *Rubens. A Genius at Work, Ausst. Kat. Royal Museums of Fine Arts of Belgium Brüssel,* hg. v. ders., Tielt 2007, S. 264–279.

Vasari, Giorgio, Vita di Lionardo da Vinci. Pittore e scultore fiorentino, in: ders., *Le vite de' più eccellenti pittori scultori e architettori,* Bd. 4, hg. v. Rosanna Bettarini u. Paola Barocchi, Firenze 1976.

Vasari, Giorgio, Giorgione da Castelfranco. Pittor Veneziano, in: ders., *Le vite de' più eccellenti pittori scultori e architettori,* Bd. 4, hg. v. Rosanna Bettarini u. Paola Barocchi, Firenze 1976.

Vasari, Giorgio, Vita di Michele San Michele. Architettore veronese, in: ders., *Le vite de' più eccellenti pittori scultori e architettori,* Bd. 5, hg. v. Rosanna Bettarini u. Paola Barocchi, Firenze 1984.

Vasari, Giorgio, *Einführung in die Künste der Architektur, Bildhauerei und Malerei (1568),* erstmals übers. und komm. v. Victoria Lorini u. Matteo Burioni, hg. v. Alessandro Nova, Berlin 2006.

Vasari, Giorgio, *Das Leben des Leonardo da Vinci,* hg. v. Alessandro Nova, bearb. v. Sabine Feser, Berlin 2006.

Vasari, Giorgio, *Die Leben des Sansovino und des Sanmicheli mit Ammannati, Palladio und Veronese,* hg. v. Alessandro Nova, Berlin 2007.

Vasari, Giorgio, *Das Leben des Giorgione, Correggio, Palma il Vecchio und Lorenzo Lotto,* hg. v. Alessandro Nova, Berlin 2008.

Vasari, Giorgio, *Das Leben des Michelangelo,* hg. v. Alessandro Nova, Berlin 2008.

Viatte, Françoise, Draperie pour une figure assise (Kat. 16), in: *Léonard de Vinci, Les ètudes de draperie,* Ausst. Kat. Musée du Louvre Paris, hg. v. ders., Paris 1989.

Wagner, Monika, *Das Material der Kunst. Eine andere Geschichte der Moderne,* München 2001.

Wagner, Monika, Materialvernichtung als künstlerische Schöpfung, in: *Material im Prozess. Strategien ästhetischer Produktivität,* hg. v. Andreas Haus, Franck Hofmann u. Änne Söll, Berlin 2000, S. 109–121.

Wagner, Monika / Rübel, Dietmar (Hg.), *Material in Kunst und Alltag,* Berlin 2002.

Wald, Robert, Materials and Techniques of Painters in Sixteenth-Century Venice, in: *Titian, Tintoretto, Veronese. Rivals in Renaissance Venice, Ausst. Kat. Museum of Fine Arts Boston,* hg. v. Frederick Ilchman, Farnham 2009, S. 73–81.

Ward, Gerald W. R. (Hg.), Art. „canvas", in: *The Grove Encyclopedia of Materials and Techniques in Art,* Oxford 2008, S. 78–83.

Wickhoff, Franz, Der Saal des grossen Rathes zu Venedig in seinem alten Schmucke, in: *Repertorium für Kunstwissenschaft* 6 (1883), S. 1–37.

Windt, Franziska, *Andrea del Verrocchio und Leonardo da Vinci. Zusammenarbeit in Skulptur und Malerei, (= Beiträge zur Kunstgeschichte des Mittelalters und der Renaissance, Bd. 11),* hg. v. Joachim Poeschke, Münster 2003.

Wolters, Wolfgang, *Architektur und Ornament. Venezianischer Bauschmuck der Renaissance,* München 2000.

Wolters, Wolfgang, *Der Dogenpalast in Venedig. Ein Rundgang durch Kunst und Geschichte,* Berlin / München 2010.

Wolters, Wolfgang, Der Programmentwurf zur Dekoration des Dogenpalastes nach dem Brand vom 20. Dezember 1577, in: *Mitteilungen des Kunsthistorischen Institutes in Florenz* 12 (1966), Heft 3/4, S. 271–318.

Zöllner, Frank, *Leonardo da Vinci. Sämtliche Gemälde und Zeichnungen,* Köln 2007.

Abbildungsnachweis

Abb. 1: Pächt, Otto, *Venezianische Malerei des 15. Jahrhunderts, Die Bellinis und Mantegna,* hg. v. Margareta Vyoral-Tschapka u. Michael Pächt, München 2002, S. 140, Abb. 128.

Abb. 2: Cloulas, Annie, Documents Concernant Titien Conservés aux Archives de Simancas, in: *Mélanges de la Casa de Velazquez* 3 (1967), S. 197–288, hier S. 226, Taf. 2.

Abb. 3, 4: © Privataufnahme

Abb. 5: Wald, Robert, Materials and Techniques of Painters in Sixteenth- Century Venice, in: *Titian, Tintoretto, Veronese. Rivals in Renaissance Venice,* Ausst. Kat. Museum of Fine Arts Boston, hg. v. Frederick Ilchman, Farnham 2009, S. 73–81, hier S. 75, Abb. 30.

Abb. 6, 8: © Trustees of the British Museum.

Abb. 7: © Victoria and Albert Museum, London.

Abb. 9: © bpk/ RMN - Grand Palais/ Thierry Le Mage.

Abb. 10: © bpk/ Kupferstichkabinett, SMB/ Jörg P. Anders.

Abb. 11, 12: *Léonard de Vinci, Les études de draperie,* Ausst. Kat. Musée du Louvre Paris, hg. v. Françoise Viatte, Paris 1989, S. 99, Kat. 27.

2

Die Tränen der Verliebten. Wasser und andere mimetische Materialien in der frühneuzeitlichen Gartenskulptur

Jürgen Wiener

till it is washed to the sea Bob Dylan

Steine, Urzeugung, Vergänglichkeit, Biochemie, Literatur und Kunst

„Der Schlüssel zum Leben ist Energie."[1] Mit der programmatischen Überhöhung des unfraglichen bioenergetischen Statements, dass Leben (wie generell alles Seiende) Energie voraussetzt, fasste vor kurzem ein zur ‚Molekularen Evolution' forschender Biologe seine Überlegungen zum Beginn von Leben auf der Erde zusammen. Die These zur zellulären Transformation „geochemische[r] in biologische Energie" bringt der Titel „Wir stammen von Steinen ab" plakativ auf den Punkt.[2] Der sich im Naturierungs- und Transformationsprozess der Evolution entfaltende ‚Stammbaum des Menschen' wurzelt in Steinen. Gegenüber dem mit dem Menschen ‚verwandten' Affen zeichnet diese der schöpferische Funke demiurgischer Belebung aus. Die demnach existenziellen Sinn stiftende chemische Evolution, die wie eine Radikalisierung der Ding-Theorie Bruno Latours anmutet (in einer Transformationskette gehen aus Steinen letztlich Menschen hervor), markiert den einzigen und daher sublimen Punkt in der Geschichte,

[1] „Wir stammen von Steinen ab – oder: Woher nahm das erste Leben die Energie?" in: *Magazin der Heinrich-Heine-Universität Düsseldorf* 1 (2013), S. 48, zum entsprechenden Artikel von Nick Lane / William F. Martin, The origin of membrane bioenergetics, in: *Cell* 151, 2012.

[2] Wir stammen von Steinen ab (wie Anm. 1), S. 48.

in der die *generatio spontanea* (Urzeugung) naturwissenschaftliche Anerkennung findet.[3]

Gerade wenn die in der Moderne unübersehbar ausdifferenzierte Naturwissenschaft wie im Fall der Evolutionstheorie Geschichtsphilosophisches und -theologisches ebenso voraussetzt wie produziert, fällt es mitunter schwer, ihre geschichtsvergessene Erkenntnisproduktion angemessen und ironiefrei zu würdigen. Mit ‚geschichtsvergessen' beziehe ich mich nicht auf die mit Blitzen aufgewärmte und animierte unappetitliche ‚Ursuppe', die schon zu Zeiten meines Biologie-Abiturs kein ganz junges Zauberwort biochemischer Evolution mehr war,[4] sondern auf die mythische Dimension belebter Steine. In Ovids pythagoreisch geprägten *Metamorphosen,* einem der einflussreichsten Texte der Literatur- und Kulturgeschichte überhaupt, ist der elementaristische mineralisch-vitale Zusammenhang von Stein, Wasser und Leben in der *natura naturans/naturata* basal,[5] der immer schon die kategorialen Gegensätze von Natur vs. Mensch, Objekt vs. Subjekt, unbelebt vs. belebt durchkreuzt hat. Ihm sind die Metamorphosen von menschlicher, tierischer und pflanzlicher Natur, wie sie die bekannteren Mythen (Daphne, Syrinx, Aktäon, Narziss, Pygmalion) mannigfaltig exemplifizieren, nachgeordnet. Zwischen Mythos und empirischer Naturphilosophie entfaltet Ovid sein Grundthema des energetischen

---

[3] Vgl. Bruno Latour, *Die Hoffnung der Pandora,* Frankfurt am Main 2002, S. 185–199.

[4] Die experimentelle Simulation der Hypothese aus den 1920erJahren fand 1953 statt; vgl. http://de.wikipedia.org/wiki/Ursuppe vom 29.01.2014.

[5] Aus kunsthistorischer Perspektive zuletzt: Jürgen Wiener, Metamorphose Mimesis Material. Schöpfungsmythen bei Ovid und Vergil und die Grotta Grande des Boboligartens in Florenz, in: *Schöpfung in Mittelalter und Renaissance,* hg. v. Wilhelm Busse, Düsseldorf 2013, S. 117–158.

Zusammenwirkens von Erde, Wasser, Luft und Feuer[6] in einer Welt, die ohne Stillstand in unentwegtem Übergang begriffenen ist, in der alles sich ändert, nichts untergeht und in jedem Augenblick neu entsteht.[7] Kulturgeschichtlich gleichermaßen grundlegend und in Vielem analog ist der Ovid offenbar bekannte jüdische Schöpfungs- und Paradiesmythos,[8] in dem der Mensch als Abschluss einer systematisch verengten Schöpfungskosmologie aus dem Element *terra* hervorgeht und zu ihm zurückkehrt, aber auch zu einer Salzsäule erstarren kann.[9] Erde respektive Stein und Mensch sind, auch wenn sie verschiedenen Periodenmodellen von Zeit angehören, ephemer. Bei Ovid lesen wir:

> [...] die Steine verlieren allmählich Härte und Starrheit, werden weich mit der Zeit und beginnen Formung zu zeigen. Dann, sobald sie, gewachsen, ein zarteres Wesen gewonnen, ließ sich wie Menschengestalt zwar etwas erkennen, doch deutlich nicht, nein so wie an Marmor, der kürzere Zeit erst im Werk, noch wenig behauen, und ganz den rohen Bildnissen ähnlich. Aber, was irgendwie feucht an ihnen von Säften und erdig, ward verwandelt als Fleisch dem Aufbau des Leibes zu dienen. Was jedoch fest war und nicht zu beugen, das wurde zu Knochen, was da Ader gewesen, das blieb unter gleicher Benennung. [...] All die übrigen Wesen, verschiedenster Bildung, gebar von sich aus die Erde, nachdem im Feuer der Sonne die alte Feuchte durchwärmt und, schwellend in Hitze, gegoren der Sümpfe Nässe und Schlamm, und als, wie im Mutterschoße im lebenträchtigen Boden ernährt und erwachsen, die fruchtbaren Keime irgendeine Gestalt, allmählich sich formend, gewonnen. [...] die Bauern finden beim Wenden der

---

6 Vgl. Gernot Böhme / Hartmut Böhme, *Feuer, Wasser, Erde, Luft. Eine Kulturgeschichte der Elemente,* München ²2010.

7 Vgl. Ov., met. XV., 165–186.

8 Vgl. Wolfgang Speyer, Spuren der ‚Genesis' in Ovids Metamorphosen?, in: *Frühes Christentum im antiken Strahlungsfeld. Ausgewählte Aufsätze I,* hg. v. ders., Tübingen 1989, S. 431-439. Auch Böhme / Böhme, Feuer (wie Anm. 6), machen auf eine Fülle von Parallelen zwischen antik-paganen und jüdischen (später christlichen) Schöpfungserzählungen aufmerksam, die den Kosmogonien von Hesiod bis Ovid vorausgingen.

9 Vgl. Gn 2,7 und 3, 19 bzw. Gn 19, 26.

> Schollen unzählige Tiere und sehen manche darunter, die eben zu werden beginnen, die eben sind im Begriff zu entstehn, unfertig manche, der vollen Zahl ihrer Glieder noch bar; und oftmals lebt in dem selben Körper ein Teil und ist noch rohes Erdreich der andre.[10]

Der Sinnlichkeit dieser Bilder ist ein Diskurs künstlerischer Schöpfung eingeschrieben, für den das Ephemere konstitutiv ist. In ihm wird Schöpfung in der doppelten Bewegung von künstlerischer und natürlicher Kreativität verhandelt. Die Verwandlungen wiederum wurden in den topisch auf das Paradies bezogenen, frühneuzeitlichen Ziergärten zu selbstreferentiellen Bildthemen.

Dass alles vergänglich ist, die Energie aber konstant bleibt, ist ein Grundsatz der Thermodynamik und impliziert Ephemerität und Wandlungsfähigkeit. Mittels Memorialstrategien Vergangenheit zu speichern oder Kunst auf Dauer zu stellen, wird über kurz oder lang scheitern, mag auch ein anthropozentrischer Zeithorizont mit dem Begriff ‚Dauer' ehren, was die Lebenszeit des Menschen weit übersteigt. Restauratorische Systematiken operieren jedenfalls mit der Unterscheidung zwischen vergänglichen und dauerhaften Materialien. Doch schon Horaz bemühte für sein *monumentum aere perennius* den relativierenden Komparativ.[11] Der Seneca entlehnte und zur Hybris der Ewigkeit übersteigerte Topos *ars aeterna – vita brevis,*[12] wie ihn die Fassade am Düsseldorfer *museum kunst palast* proklamiert, propagiert

[10] Ov., met. I, 401–410 und 416–429, zitiert nach der Ausgabe: Publius Ovidius Naso, *Metamorphosen, lateinisch – deutsch,* hg. und übers. v. Erich Rösch, München / Zürich [13]1992, S. 27.

[11] Vgl. Hor., carm. III, 30, 1.

[12] „Vita brevis, longa ars" bei Sen., brev.vit. 1,1, ist eine Übersetzung des Aphorismus „Ὁ μὲν βίος βραχύς, ἡ δὲ τέχνη μακρά" des Hippokrates von Kos.

eine von Adorno so genannte ‚Fetischierung der Dauer',[13] deren „kurzfristige Ewigkeit" vom Tod gezeichnet sei. Der notwendig ephemere ästhetische Akt erfordere die lebendige Begegnung im Hier und Jetzt.

Gartenskulptur als materialisierter Nestbeschmutzer von Kunst- und Gattungstheorie

Gartenskulptur und insbesondere solche, die mit Wasser operiert, aber auch mit dem Einsatz von Pflanzen, Menschen und Tieren kalkuliert, ist jenseits der Musik, die Adorno trotz der Exemplifizierung über das Feuerwerk wohl primär vor Augen hatte, eine Kunstform, die über ihre notorisch ephemeren Materialien und performativen Praktiken den schon längst topisch gewordenen Anspruch auf eine lebendige Kunst emblematisch macht. Es ist zu vermuten, dass Gartenskulptur trotz eines noch immer riesigen Denkmalbestandes nicht zuletzt deswegen im Kanon der bildenden Künste marginal wird,[14] weil sie ein materialisierter Nestbeschmutzer hegemonialer ästhetischer Theorien ist. Ihre Flüchtigkeit, die in Gestalt von spritzendem Wasser jener paradigmatischen bescheidenen Augenblicklichkeit des Feuerwerks nahe kommen kann, verträgt sich nicht mit dem langen Schatten der Laokoon-Debatte der deutschen Aufklärung, gegen den sich Adorno implizit gewandt hatte. Adornos Affekt wider die Dauer, die für die künstlerische Praxis seiner Gegenwart produktiv war, blieb für

[13] Theodor W. Adorno, *Ästhetische Theorie,* Frankfurt am Main 1973, S. 48-51; zum Fetischieren als einer Krankheit zum Tode S. 49.

[14] Vgl. Stefan Schweizer, *Die Erfindung der Gartenkunst. Gattungsautonomie – Diskursgeschichte – Kunstwerkanspruch,* München 2013.

die Bewertung des Ephemeren in der Skulptur der Vergangenheit folgenlos. Kunstwissenschaft abstrahiert üblicherweise vom Flüchtigen in der Gartenskulptur und damit von ihrer spezifischen Zeitlichkeit. Der Diskurs der binären Unterscheidung in Zeit- und Raumkunst bei Shaftesbury, Winckelmann, Lessing etc., das Paradox von stillgestellter Bewegung in der Skulptur als einer Raumkunst sowie der Wunsch, lebendige Begegnung über Erinnerungsmedien auf Dauer zu stellen, waren in der älteren Kunstliteratur nicht gänzlich unvorbereitet und reichen mindestens bis Leon Battista Albertis *De statua* zurück.[15]

Doch selbst wenn sich die frühneuzeitliche Traktatliteratur der imaginierten Bewegung widmete, blieben alle sich ephemerer Materialien bedienenden Mittel, die den Anschein des Lebendigen intendieren, ausgeblendet. Mimesis von Bewegung in der Skulptur ist, wie diskursgeschichtlich am prominentesten in der Laokoon-Debatte entfaltet und paradigmatisch in Berninis *Apoll & Daphne* realisiert wurde, festgestellte Bewegung, die bestenfalls den rezeptionsästhetischen Akt der Imagination des Davor und Danach forcieren soll. Das als wesentlich begriffene Stillstellen von Statuen führte parallel zum „Vergessen der Elemente"[16] zu einer Kritik an metamorphotischen Ikonographiekonzepten, die einen Bruch der zeitlichen Einheit von Werken akzeptieren,[17] oder in denen Bild- und Betrachterzeit divergieren:

---

[15] Vgl. Guido Reuter, *Statue und Zeitlichkeit 1400 – 1800*, Petersberg 2012, insbesondere S. 27–36.

[16] Böhme / Böhme, Feuer (wie Anm. 6), S. 19. Die zugleich binäre und komplementäre Unterscheidung der Elementenlehre zwischen fest und flüssig und folglich ihre Übergänge sind für die Gartenkunst und namentlich die Gartenskulptur konstitutiv.

[17] Vgl. Reuter, Zeitlichkeit (wie Anm. 15) S. 124: Metamorphosen-Kritik im 18. Jahrhundert meint Kritik am Bruch der zeitlichen Einheit. Den Beginn markiert Shaftesbury, der die Dar-

> Die Werke des bildenden Künstlers sind permanent, sie bestehen für sich, wir betrachten sie lange und oft, sie verändern sich nicht, und sind immer noch so, wie sie waren, da wir sie zum erstenmahl sahen. Daraus folgt, dass nichts in den Plan dieses Artisten kommen darf, was sich in allen Momenten abändert.[18]

Die von Ort und Funktion absehende, Skulptur autonomistisch konzeptualisierende Ansicht Friedrich Justus Riedels setzt bereits die ‚Laokoon-Debatte' voraus.[19] Der nun nicht mehr zwischen Skulptur und Malerei, sondern zwischen Skulptur und Literatur verhandelte *Paragone* erwuchs nicht nur einer poetologischen Strategie von Kunstliteraten, die nur noch Literaten und keine Künstler mehr waren und sich im Wettstreit der Künste als Literaten durch Legitimationsentzug der Skulptur aufzuwerten versuchten, ohne den ontologischen Status bildender Künste zu reflektieren. Er erwuchs vielmehr der auch von den Zeitgenossen wahrgenommenen Konvergenz zwischen textbasier-

---

stellung von Metamorphosen als „ridiculous" abqualifizierte aufgrund der Gleichzeitigkeit von Ursache und Wirkung in einem Bild mit dem Diana-Aktäon-Mythos. Die Kritik bezog sich auf Fragen der dargestellten, nicht aber der realen Zeit.

[18] Friedrich Justus Riedel, *Theorie der Schönen Künste und Wissenschaften,* Wien-Jena 1774, S. 374; vgl. auch Reuter, Zeitlichkeit (wie Anm. 15), S. 126.

[19] Das im Gattungsdiskurs vorgebrachte Argument, das der gedehnten Betrachterzeit eine gedehnte bzw. auf Dauer stillgestellte ikonographische Zeit (statt punktuelle Transitorik) entsprechen soll, ist gerade in Abgrenzung zur literarischen Gattung des Dramas widersprüchlich, denn dieses verlangt wegen seiner Transitorik lange Aufmerksamkeit. Noch jüngste, das Vergängliche ausdrücklich affirmierende Reflexionen zur Zeit im Schauspiel stehen in der binär reduzierenden *Longue durée* der Laokoondebatte, wenn behauptet wird, dass wiederholte Betrachtung bildender Kunst anders als das Schauspiel eine annähernd identische ästhetische Erfahrung ermögliche (Isa Wortelkamp, *Sehen mit dem Stift in der Hand. Die Aufführung im Schriftzug der Aufzeichnung,* Freiburg i. Br. 2006, S. 10). In der Regel ist im Schauspiel die Raum-Figur-Text-Konstellation so gewählt, dass ein hohes Maß an Identität der Aufführungen erreicht wird. Umgekehrt tritt man, wie gesagt wird, auch in der bildenden Kunst niemals vor das gleiche Werk. Gartenskulptur und performative Künste bilden ein zusammengehöriges Spektrum bei Johann.

tem Drama und skulpturalen *Environment* namentlich in Gärten und insbesondere bei Brunnen.[20]

Ein gattungstheoretischer Widerspruch ist den Aufgaben Brunnen und Grotte immanent. Wasser, das dort geformt wird, und Pflanzen, die dort wachsen, sind als unfeste Materialien das Gegenteil dessen, was dem Statuarischen zukommt. Damit geraten sie in die Widersprüche und Defizite des zentralen ästhetischen Begriffs der Frühen Neuzeit, der Mimesis. Mimesis strebt ihrem Anspruch nach idealerweise, wie Leon Battista Alberti sagt, eine „vollkommene Ähnlichkeit" an.[21] Andererseits will Ähnlichkeit nicht die Identität einer tautologischen Verdoppelung des Nachgeahmten, auf die derzeit die 3D-Scanner/Drucker-Industrie fixiert ist.

Kunstliterarisch ist das Konstrukt einer Identität zwischen Bild und Nachgebildetem und das darin aufgeworfene Problem der (In-)Differenz wenig – etwa im Begriff der Dissimulation – reflektiert.[22] Es geht davon aus, dass die sich in nahezu perfekter Nachahmung verbergende Kunst sich wieder enthüllen muss, um als Kunst erkannt zu werden. Für den Großteil der Mimesis-Topik ist hingegen das Pro-

[20] Siegmund Elsholtz, *Hortus Berolinensis* … Berlin (1657), hg. und übers. v. Thomas Fischbacher in Zusammenarb. mit Thomas Fink, Weimar 2010, S. 166, wenn er Gartenstatuen mit Figuren im Theater vergleicht; Joseph Furttenbach, *Architectura recreationis,* Augsburg 1640, S. 13, begreift den Garten als Ort der „ludicris oder kurtzweiligen Sachen […,] als da wären die Actiones di Sciena, Musica, frembde apparenzen und Auffzüge".

[21] Leon Battista Alberti, *Das Standbild. Die Malkunst, Grundlagen der Malerei,* hg. v. Oskar Bätschmann, Darmstadt 2000, S. 144f: „opera […] veris naturae corporibus persimilima esse intuentibus appareant." („Die Werke […] sollen […]dem Betrachter so erscheinen, dass er den Eindruck gewinnt, sie seien den tatsächlichen Körpern in der Natur vollkommen ähnlich.").

[22] Christiane Kruse, Parer viva oder die Kunst der (dis)simulazione im Barock. Zu Gianlorenzo Berninis Apoll und Daphne in der Galleria Borghese, in: *Skulptur – zwischen Realität und Virtualität,* hg. v. Gundolf Winter, Jens Schröter u. Christian Spies, München 2006, S. 155–178.

blem eher ein umgekehrtes. Sie weiß um die Unzulänglichkeit gegenüber der Natur aufgrund akustischer, polychromer, kinetischer Defizite (etwa das Fehlen der Sprache), die eine Identität von Objekt und Abbild verhindern, die aber auch, anders als die Topoi suggerieren, letztlich nicht gewollt war. Bezeichnenderweise sind für den Mimesisbegriff lebensecht anmutende Wachspuppen mit realen Haaren und Kleidern oder *Environments* aus Architektur, Malerei und Skulptur mit hohem mimetischen Potential und unter Einbezug von Material, in denen Bild und Abzubildendes wie bei den Rauminstallationen der nordwestitalienischen *Sacri monti* teilweise identisch sind, irrelevant. Kunstgenuss will Abstraktion. Lebensnähe von Skulptur wird nicht trotz, sondern wegen ihrer nicht-identischen Materialität goutiert. Gartenskulptur verschob jedoch diese ästhetische Grenze des Materials oftmals in Richtung Identität.

Schärfen und Unschärfen von Ereignis und Beschreibung

Hinzu tritt das Problem der Beschreibung, bei dem sich der mediale Transfer ähnlich verhält wie die ‚Heisenberg'sche Unschärferelation' in ihrer Unfähigkeit einer gleichzeitigen Bestimmung von Ort und Impuls. Das Performative entzieht sich aufgrund der permanenten Differenz von Ereignis und Beschreibung medialer Stillstellung.[23] Der Umgang der Kunstgeschichte mit Gartenskulptur löste die Aporie gordisch. Entweder blendete die Kunstgeschichte die performative Seite aus oder verortete sie allein beim Rezipienten und stellte sich damit in die Tradition der historischen Gartenkunstliteratur. Dort werden zwar

[23] Vgl. Wortelkamp, Sehen (wie Anm.19).

Brunnen als ikonographisch angemessen zu behandelnde Hauptaufgabe des Gartenschmucks genannt,[24] aber die notwendige Vermittlung zwischen Thema und Aufgabe durch das inszenierte Wasser fehlt. Die flüchtigen Bedingungen der Aufgabe sind Widersprüche im System kunstliterarischer Selbstvergewisserungen, deren zentrale Begriffe wie *imitazione, invenzione, attitudine* performativen Aspekten nur bedingt Raum boten. Sprachliche und graphische Notate zum Ereignishaften von Brunnen und Grotten (z. B. in Form von Stichen mit Angaben von Wasserverläufen) sind weitaus seltener anders als in den genuin performativen Künsten (Partitur, Dialoge mit gegebenenfalls gestischen und mimischen Anweisungen).

Ähnlich wie der Dramentext als dauernder Kern in der Literaturgeschichte und poetologisch schon seit Aristoteles eine höhere Wertschätzung erfuhr als seine notwendige performative Materialisierung, konzentrierte sich die Forschung zur Gartenskulptur auf das länger bleibende Material. Sie reflektierte jedoch ihre reduktionistische Be(ob)achtung allein des aus harten Stoffen geformten Materials und dessen Stilisierung zur eigentlichen materiellen Substanz nicht. Sie fragmentierte derart das Werk, das in der performativen Überformung überhaupt erst vollgültig zur Erscheinung kommt und in seiner Invention verständlich wird. Werkbeobachtung von Brunnen und Grotten findet unter der Bedingung des abgedrehten Wasserhahns statt. Stillstellung des Flüchtigen ist in der Gartenwirklichkeit freilich we-

[24] Vgl. Jürgen Wiener, „Trouvées plus propres pour servir d'ornement à des fontaines" – Themen der frühneuzeitlichen Gartenskulptur, in: *Monumente im Garten – der Garten als Monument,* hg. v. Staatliche Schlösser und Gärten Baden-Württemberg, Stuttgart 2012, S. 33–49.

niger ästhetisch durch eine vermeintlich bessere Sichtbarkeit begründet, sondern durch die Minimierung des mechanischen Abriebs. Zum Schutz des Werks wird häufig die ontologische Grundeigenschaft von Brunnen ignoriert, fließendem Wasser einen Rahmen zu bieten, der die zeitlichen Dynamiken des Wassers zwischen Dehnung und Beschleunigung fasst.

Angemessene temporale und materielle Relationen von Repräsentation

Der Aufgabe selbst ist die Polychronie wesensmäßig inhärent, die in einem über die bloße Rahmung hinausgehenden Schritt selbst zu einem künstlerischen Thema von Brunnen werden und durch mimetische Verdinglichung zu einer Narration gemacht werden kann, in der ein in der Regel lebensweltlicher und/oder mythischer Umgang mit Flüssigkeiten erzählt und somit wieder an die erste Funktion des Brunnens rückgekoppelt wird: das Ephemere des Wassers also als Form und funktional rückbezogene produktive Ikonographie der Brunnen. Eine solche Relation nennt die Kunstliteratur eine angemessene und fordert sie für die Gartenskulptur von jeher ein. Exemplarisch ist dafür Antoine-Joseph Dezallier d'Argenville:

> Man zieret sie [Brunnen] mit solchen Figuren, die sich zum Wasser schicken, als Eis-Zapffen, Felsen, Zusammenfrierungen, Stein-Verwandlungen, Muscheln, Wasser-Blätter, Bintzen, und dem Rohr-Gras, so den natürlichen gleichen. Hiermit werden die Mauern und Einfassungen derer Brunnen bekleidet. Man zieret sie auch mit solchen Figuren, die im Wasser leben, als Wasser-Götter und Nymphen, Schlangen, Meer-Pferde, Drachen, Wallfische, Greifen, Frösche, welche man das Wasser ausspeyen läßt.[25]

---

[25] Franz Anton Danreiter, *Die Gärtnerey sowohl in ihrer Theorie oder Betrachtung als Praxi oder Übung*, Augsburg 1731, S. 363f. (deutsche Übersetzung von Antoine-Joseph Dezallier

Bemerkenswert ist, dass Dezallier die rahmenden Materialien ebenso und gleichrangig „Figur" nennt wie die wasserbezogene Ikonographie. Versteinerungen, Tropfsteine, Schwämme, Muscheln, Bimssteine und Pflanzen sind Materialien, die selbst aus metamorphotischen und mit flüssigem Material operierenden, teilweise biotischen Prozessen, die Strukturen und regelmäßigere Formen zur Folge hatten, hervorgingen. Sie verweisen auf die Kunstfertigkeit der Natur („sollertia naturae") mit ihren Künstlerhänden („artifices manus") und stehen trotz ihrer festen Stofflichkeit für Ephermerität, sind doch Steine versteinerte Wasser („acque petrificate").[26]

Die Gattung des Angemessenen, lateinisch *decorum*, ist das Ornament. Ornament ist der Begriff, unter dem die Gartenskulptur historisch (und in den romanischen Sprachen bis heute) geführt wird. Ornament garantiert die Bewegungsoffenheit nicht nur zwischen den

d'Argenville, *La Théorie et la Pratique du Jardinage,* Paris 1709, S. 204: „On les accompagne d'ornemens martitimes & convenables aux eaux, comme de glaçons, de rocailles, de congélations, petrifications, coquillages, feuilles d'eau, joncs & roseaux imitant le naturel, dont on revêtit le parement des murs & bordures des bassins. On les orne de figures, dont le naturel est d'être dans l'eau, de Tritons, Serpens, Chevaus marins, Dragons, Dauphins, Grifons, Grenouilles, ausquels on fait jetter & vomir des traits & torrens d'eau."). Die Angemessenheit der Thematik fordern u. a. auch Leon Battista Alberti, Filarete, Alberto Avogadro, Bartolomeo Ammanati, Giorgio Vasari, Jacques Boyceau de la Barauderie, Wolf Helmhardt von Hohberg, Augustin Charles Daviler, Christian Cay Laurenz Hirschfeld; vgl. Jürgen Wiener, Orte und Aufgaben, Typen und Themen der Gartenskulptur im Alten Reich und ihre Auswirkungen bis heute, in: *Gartenkunst in Deutschland von der Frühen Neuzeit bis zur Gegenwart,* hg. v. Stefan Schweizer u. Sascha Winter, Regensburg 2012, S. 275–306, v. a. S. 281f.

[26] Cic., nat. I, 92: „nulla ars imitari sollertiam naturae potest." Ov., met. XV, 253: „artifices natura manus admovit". Zu den „acque petrificate" vgl.: Giorgio Vasari, *Vite de' più eccellenti pittori, scultori, e architettori,* Florenz 1568, capitolo V; ähnlich u. a. Elsholtz, Hortus (wie Anm. 20), S. 96. Zur sollertia naturae vgl. Böhme / Böhme, Feuer (wie Anm. 6), S. 41–44; Friedmann Harzer, *Erzählte Verwandlung. Eine Poetik epischer Metamorphosen (Ovid – Kafka – Ransmayr),* Tübingen 2000, S. 85–89.

künstlerischen Gattungen, sondern auch zu den Funktionen hin. In dieser Bewegung kann sich die Funktion selbst ändern. Es geht nicht mehr so sehr um die Bereitstellung von Wasser, dessen fundamentale Wichtigkeit durch seine Inszenierung markiert wird, die dem Betrachter Respekt für den existentiell unabdingbaren Stoff abnötigen soll. Im Vordergrund steht vielmehr die Inszenierung von Mythen, die den Bezug der Elemente (insbesondere des Wassers) zur Schöpfung verhandeln, bis zu mythologischen Szenen, die an theatrale Praktiken gemahnen, insbesondere solchen, die elementare Naturgewalten thematisieren.

Brunnen mit und ohne Wasser

So wenig Theater nur Texttheater ist, so wenig ist ein Brunnenensemble nur eine skulpturale Konfiguration, die funktional über architektonische Requisiten und Wasser gerahmt wird. Die methodische Konsequenz wäre in Anlehnung an die Theaterwissenschaft eine Aufführungsanalyse von Brunnen, die den formalen Dynamiken entsprechend nicht von statischen Zeichentheorien und *instrinsic meanings* ausgeht. Indem der Medientransfer in Form von Brunnenzeichnungen und -stichen die kinetischen Phänomene, die Choreographien (oder Partituren) der Wasserverläufe zwischen Narration, Geste und Ornament detailliert wiedergibt, hält er eine methodisch bislang wenig praktizierte Rezeptionsanweisung parat (Abb. 1).

Die methodologisch-interpretatorischen Probleme, die aus der ignorierten Narrativität des Wassers erwachsen, seien anhand einer hinsichtlich der Komplexität der Skulptur-Wasser-Relation ansteigenden Reihe von drei Brunnen in Versailles angedeutet, die vermutlich alle von Charles Lebrun entworfen wurden.[27] Ein noch relativ einfacher Fall hinsichtlich des Unterschieds zwischen einem nassen und trockenen Bildwerk ist das bildhafte Flachrelief des Nymphenbads (Abb. 2a, b), bei dem das Bassinwasser das Bildwasser unterhalb des Reliefs fortsetzt und im besten Fall das Relief spiegelt. Die durch einen Bildrah-

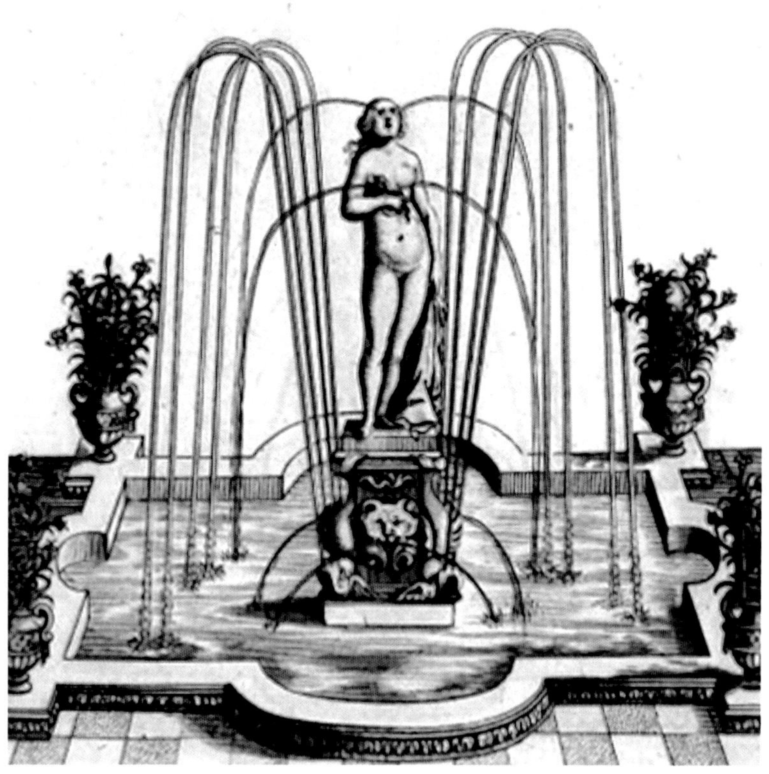

Abb. 1: Andreas Böckler, *Architectura Curiosa Nova...*, Nürnberg 1666, Kupferstich mit der Darstellung eines Venusbrunnens.

[27] Zu den Brunnen in Versailles noch immer maßgeblich: Gerold Weber, *Brunnen und Wasserkünste in Frankreich im Zeitalter von Louis XIV. Mit einem typengeschichtlichen Überblick über die französischen Brunnen ab 1500*, Worms 1985.

men markierte ästhetische Grenze dazwischen tritt noch mehr zurück, sobald die Kaskade gleich einem Vorhang unmittelbar vor dem Relief herabstürzt. Entscheidender ist, dass die im Trockenzustand stumpfe und durch Verkalkung zunehmend stumpfer werdende Oberfläche durch das Wasser glänzend wird. Dadurch wird die Erscheinung nicht nur prägnanter und plastischer, sondern sie vermittelt so überhaupt

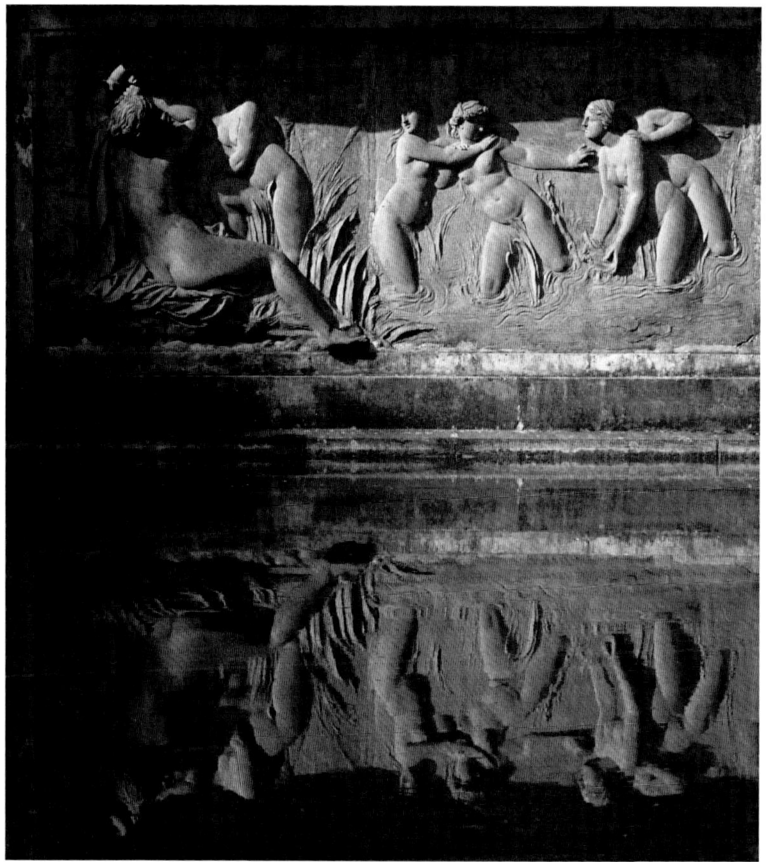

Abb. 2a: François Girardon (nach Entwurf von Charles Lebrun?), *Nymphenbad* (Dianabad) in Versailles, 1670/71.

erst etwas vom Nassen des Bades und damit einhergehend von der Lebendigkeit in der hektischen Reaktion der Nymphen auf die ihnen gerade bewusst werdende Tatsache, beim Baden beobachtet zu werden – nicht von Aktäon, sondern von den Betrachtern, die als Aktäon entworfen werden, ihren Voyeurismus von der anderen Seite des Gewässers aus aber ungestört ausleben können und nicht mit Metamorphose und Tod bezahlen müssen. Wasser ist hier zum einen eine narrative Funktion der Oberfläche und zum anderen Mittel der Betrachtereinbindung. Bei den beiden gleichzeitig und in unmittelbarer Nachbarschaft zum Nymphenbad entstandenen *fontaines de la couronne* genannten Rundbassins mit jeweils einer Gruppe aus je zwei Najaden und Tritonen ist der Unterschied zwischen bewegtem und

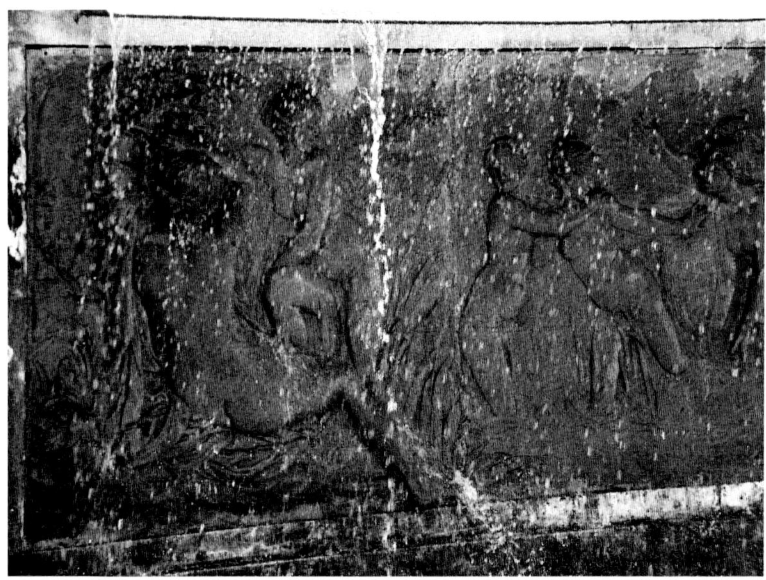

Abb. 2b: François Girardon (nach Entwurf von Charles Lebrun?), *Nymphenbad* (Dianabad) in Versailles, 1670/71.

ruhigem Wasser (Abb. 3a, b), das den Beckengrund durchscheinen lässt (gelegentlich ist das Wasser sogar komplett abgepumpt), und der Erscheinung unter den Bedingungen des kraftvoll aus den Fontänenöffnungen schießenden Wassers nicht allein ein gradueller, sondern

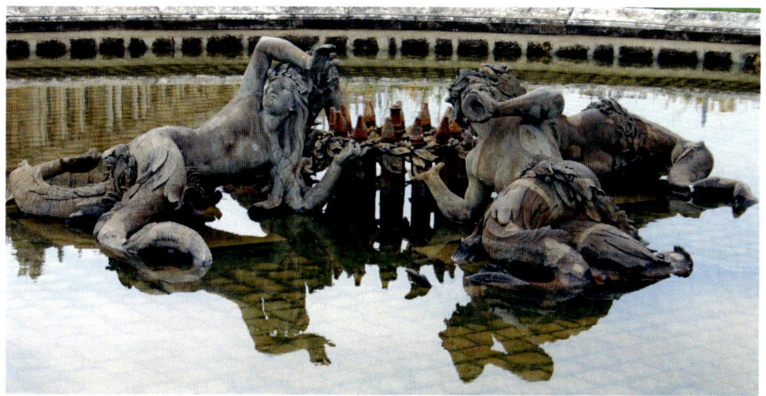

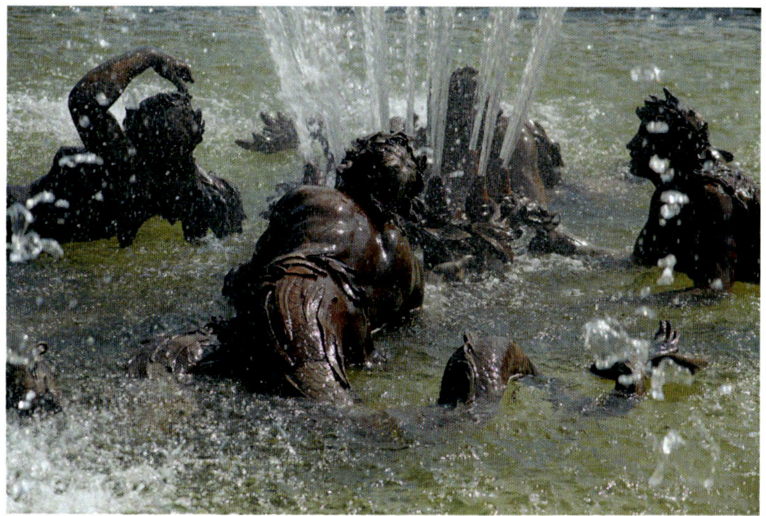

Abb. 3a/b: Etienne Le Hongre (nach Entwurf von Charles Lebrun), westliche *Fontaine des couronnes* im *Parterre du nord* in Versailles, 1669 - 1672.

bereits ein qualitativer. In einem wenig günstigen Betrachterwinkel sehen wir in der Mitte eines großen runden Beckens die radial um das Zentrum angeordneten Vierergruppen, die anatomisch virtuos modellierten, tordiert kontrapostischen Körper, deren Sinn aber nur unzureichend zu erfassen ist. Sie scheinen sich in einer brachigen Pfütze zu fläzen, wälzen sich vielleicht im Schlamm. Manche schauen mürrisch gegen die Sonne, die ihre Körper austrocknet und ihre Haut stumpf macht und schmutzig erscheinen lässt.

Nachgerade eine inhaltliche Verwandlung erfährt das Ensemble, wenn es durch die Fontäne in eine spritzende, schäumende, sprudelnde Wasserlandschaft versetzt wird. Über die Dynamik des Wassers, zumal es den Raum über und unter den Figuren ins Bild holt, scheinen die Najaden aktiviert. Namentlich die Zeitlichkeit des Bildwerks wechselt von einer Dehnung im gelangweilten Liegen zur Beschleunigung ausgelassener und vital genossener Badefreuden. Die sich stetig im Licht ändernde, glatte und glänzende Epidermis setzt die Schönheit ihrer Körper in Szene, die nun im Schwimmen und nicht mehr im Ausruhen begriffen und in ihrem wilden Treiben ungleich stärker aufeinander bezogen erscheinen. Wie sowohl aus einer Zeichnung Le Pautres als auch aus dem Namen der Bassins hervorgeht, bildete, ursprünglich von einer zentralen Krone und heute nur noch von kreisförmig aufgestellten Düsen ausgehend, das Wasser selbst eine mimetische, flüchtig skulpturale Gestalt in Form einer Krone, die sich je nach Gusto als ironischer oder affirmativer Kommentar zum königlichen Lustort lesen lässt.

Nochmals gesteigert ist diese Verwandlung durch das bewegte Wasser im *Bassin d'Apollon* (Abb. 4a, b), bei dem der von Hippokam-

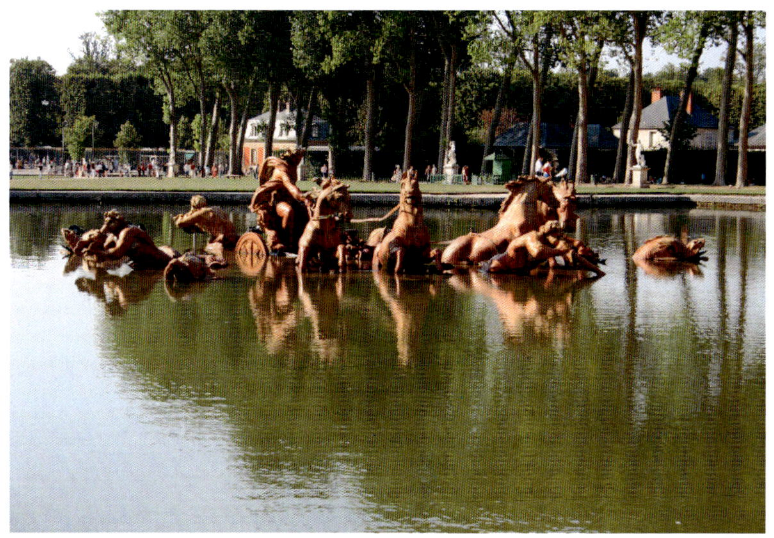

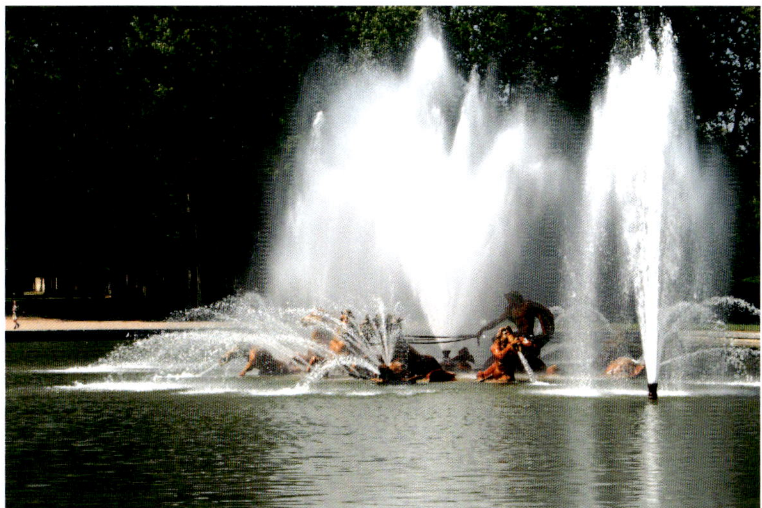

Abb. 4a/b: Jean-Baptiste Tuby (nach Entwurf von Charles Lebrun), *Bassin (Char) d'Apollon*, Versailles, 1668/72.

pen gezogene und von Delphinen und muschelblasenden, den Tag verkündenden Tritonen begleitete *Char d'Apollon* im Wasser steht, als wäre er in einem Hochwasser stecken geblieben, aus dem herauszukommen sich alle vergeblich mühen. Es ist primär die bronzierte Oberfläche, die im Widerschein die aufgehende Sonne repräsentiert. Dieser Sonnenaufgang ist aber dann erst grandios personifiziert, wenn das Wasser der vielen Fontänen in Gang gesetzt und die Konfiguration in ein barockes Maschinentheater überführt ist.[28] Dann wird die Widerständigkeit des Wassers zum Gradmesser für die Souveränität des Sonnengottes, den Wagen mit dem Anschein von Leichtigkeit gegenüber den nur von ihm zu bändigenden Energien in den Himmel zu heben und von dort strahlend über die Welt zu herrschen. Doch ist nicht nur der Sonnenwagen und sein Ambiente, in dem die Elemente Feuer, Wasser, Luft und Erde präsent sind, ein bewegtes Werk, sondern es verlangt auch den an Land sich bewegenden Betrachter, um überhaupt noch zu verstehen, was hier vor sich geht. Der liquide Stoff Wasser entwirft den Bildraum nicht nur als Meer, sondern auch als farblich und formal dynamische Atmosphäre, meint Wolken, Regen, Nebel in ihrer Flüchtigkeit. Es wird das Element Luft materialisiert, ins verräumlichte Bild gesetzt und das skulptural scheinbar Undarstellbare – bei entsprechendem Lichteinfall auch mit Regenbogen, die gelegentlich auch in der entsprechenden Kunstliteratur vermerkt werden – sogar in seinen physikalischen Eigenschaften dargestellt.

[28] Was wir hier sehen, erinnert an viele Stiche zu Theateraufführungen, die Licht, Feuer, Wolken und andere atmosphärische Effekte visualisieren, deren Realitätscharakter freilich so schwer zu bestimmen ist; vgl. Alois M. Nagler, *Theatre festivals of the Medici 1539–1637,* New Haven / London 1964.

Paradoxale Konsequenz dieser Dynamiken ist der scheinbare Entzug der faktisch immobilen Präsenz, ist das partielle Verschwinden dessen, was für das Eigentliche dieses Ensembles gehalten wird, obwohl es nur ein Ausschnitt des Ganzen ist: die Metallplastik, die vergleichbar einem Dramentext, der sich beim Sprechen oder Singen in der Inszenierung materialisiert, relativiert und verzeitlicht wird. Gerade in Bezug auf die beiden widersprüchlichen Erscheinungsweisen des Performativen darf indes die Theateranalogie nicht zu weit getrieben werden: Brunnen präsentieren Flüchtigkeit und Beständigkeit tendenziell extremer als das Theater, gleichwohl ist die „Transkription des Transitorischen"[29] einfacher. Dem Theater entgegengesetzt ist bei szenischen Brunnen der Raum flüchtig und die Figur immobil. Allerdings vermag die Flüchtigkeit des Raums den Anschein von Beweglichkeit der Figuren zu initiieren. Anders als das Theater ist es nicht ein fortwährendes Entstehen und Vergehen, sondern es gibt eine Konstanz der Präsenz der immobilen Konfiguration und eine Erscheinung des Raums, die trotz ihrer Flüchtigkeit für die Dauer der zugeschalteten wassermechanischen Kräfte ein relativ hohes Maß an Ähnlichkeit garantiert. Die kontingenten, vom Werk selbst nicht verantworteten Faktoren des beweglichen Betrachterstandorts, der Tages- und Jahreszeit mit entsprechenden Sonnenständen und Vegetationszuständen sowie des Wetters mit Wind und Wolken schreiben sich als Variablen ständig neu und anders in das Werk ein. Das Ephemere ist nicht allein das Wasser, sondern auch Luft und Sonne – Phänomene, die Apoll allegorisch verkörpert.

[29] Wortelkamp, Sehen (wie Anm. 19), S. 11.

Das narrative Bildmaterial reduziert sich nicht auf das bronzierte Blei, auch nicht auf das zugleich feste und liquide Kompositum des mit fließendem Wasser überzogenen Metalls, sondern schließt wesentlich auch das mitunter immateriell anmutende Wasser als Farbe und Malmittel des Atmosphärischen ein. Es bestimmt die Materialität des Handlungsorts, der weniger Materie als vielmehr Energie zu sein scheint. Auf diese Weise wird aus der dekorativen Rahmenfunktion des Bassins eine Bühne, die das kühlende zerstäubte Wasser im Garten, zumal wenn es windig ist, den Betrachter spüren lässt. Auf ihn hin überschreitet das Wasser die ästhetische Grenze aus dem Bild heraus und lässt ihn leibhaftig an der imaginierten Erfahrung der Akteure im Bild teilhaben.

Die Immaterialität reicht noch weiter. Bevor das Werk überhaupt sichtbar wird, kann die klangliche Mimesis des rhythmischen Rauschens von Wasser akustischer Wegweiser für den Betrachterkörper sein und ihn auf das zu Erwartende einstimmen, er hört den Lärm des bewegten Wassers, das auch die Signaltöne aus den Muscheln der Tritonen meint; demnach ist die Präsenz des Akustischen immer auch notwendiger Bestandteil der Synästhetik, wie zahlreich belegt ist – dem Werk fehlt nun nicht mehr die auditive Dimension. Zeitgenössische Texte setzen nicht nur generell Wasser mit Lebendigkeit und Bewegung oder sein Fehlen mit ‚toter Schönheit' gleich, sondern bestimmen seine konkreten akustischen bis hin zum Musikalischen reichenden physischen wie mimetischen Qualitäten.[30]

[30] In einem Brief von 1543 an Giovambattista Grimaldi über den Garten des Agabito Bellhuomo spricht Claudio Tolomei von „un soave romore"; „con piccolo mormorio dolcemente cadere"; „la

Entwurf einer Typologie des Ephemeren in der Gartenskulptur

Die gezeigten Beispiele aus Versailles bezeichnen den Höhepunkt einer Entwicklung, der sich erst über die Genealogie der Aufgabe begreifen lässt. Ich werde daher einige Arten des Einsatzes flüchtiger, aber immer mit dem Festen in Bezug gesetzter Materialien kurz vorstellen und hier und da grundsätzlichere Überlegungen daran knüpfen. Ich werde nicht nur vom Wasser reden, das als eine gattungskategoriale Opposition gegenüber den schon in ihrer Bezeichnung Standhaftigkeit einfordernden Statuen zu lesen ist, sondern auch zeigen, wie ephemere Materialien in der Frühen Neuzeit die befristet dauerhafte Epidermis von Steinen und Metallen infizieren, und wie haltlos selbst die Rede von der Dauerhaftigkeit des Materials wird, gerade wenn das künstlerische Material in seiner Steinhaftigkeit präsentiert und diese bedeutungskonstituierend wird. Sodann wird von Zwischenform zwischen dem Festen und Flüssigen zu reden sein, da nämlich, wo das Lebendige nicht bloß eine illusionistische Anmutung ist.

---

musica di quelle acque" *(Delle lettere di M. Claudio Tolomei,* Venedig 1550; abgedruckt auch bei Elisabeth B. MacDougall, Fons Sapientiae. Renaissance Garden Fountains, Washington 1978, S. 12–14., hier S. 13.; Margherita Azzi Visentini, *Arte dei giardini. Scritti teorici e pratici dal XIV al XIX secolo,* Bd. 2, Mailand 1999, S. 241–244): Augustin Charles Daviler, *Auszführliche Anleitung zu der gantzen Civil-Baukunst,* Amsterdam 1699 (französisches Original, 2 Bde., Paris 1691), S. 193: „So schön auch die Gärten angeleget sind / ist doch ihre Schönheit wie todt / wann keine Spring-brunnen oder andere Wasser-künste darinnen sind." Ähnliches findet sich auch bei John Evelyns *Elysium Britannicum,* hg. v. John E. Ingram, Philadelphia 2001; Charles Perrault, *Labyrinte de Versailles,* Paris 1677 ([2]1679, Amsterdam 1682) hebt wiederholt das Wasser als narratives, gegebenenfalls sogar verdinglichtes akustisches Phänomen der Brunnen hervor; vgl. Jürgen Wiener, Natur als Skulpturenrahmen, Skulptur als Naturrahmen, Rahmen als Naturskulptur: Rahmenphänomene in der Gartenplastik und das Labyrinth von Versailles, in: *Rahmen. Zwischen Innen und Außen,* hg. v. Hans Körner / Karl Möseneder, Berlin 2010, S. 131–168.

Grundsätzlich sind zwei Formen des mimetischen Wassers zu unterscheiden: eine selbstreferentielle der Einheit von Zeichen und Referent, und eine darstellende. Wie beim Versailler Fontänenbrunnen mit dem *Char d'Apollon* treten beide oft zusammen auf: Das Wasser des Bassins meint Wasser und bezeichnet den lebensweltlichen Ort des nächtlichen Aufenthalts des Sonnengottes, nachdem die Sonne im Wasser untergegangen ist. Zugleich stellt es Luft und Wolke dar.

Ich beginne mit dem Wasser, das Körperflüssigkeiten repräsentiert, und zitiere dafür die Beschreibung eines fiktiven Brunnens durch François Rabelais aus seinem *Gargantua und Pantagruel* (um 1540). „Mitten im Hof stand ein schöner marmorner Springbrunnen und darauf die drei Grazien, die, mit Füllhörnern in den Händen, aus Brüsten, Ohren, Augen und anderen Öffnungen ihres Leibes das Wasser ausspien."[31] Hier, wie in vielen anderen Fällen ekphrastischer Übertreibung bei Rabelais' fiktiven Beschreibungen, handelt es sich um eine akkumulierende Synthese des Möglichen, in diesem Fall um die Synthese der verschiedenen Öffnungen für das Spritzwasser. Dass mit den „anderen Öffnungen" auch mehr oder weniger diskret angedeutet ist, dass auch die beiden Körperöffnungen unterhalb der Brust für das Verspritzen von Wasser in der Skulptur genutzt wurden, bleibt dem Leser zur obszönen Imagination überlassen. Die erst in der unwahrscheinlichen Gesamtheit der Wasseröffnungen zugleich dezent und derb ironisierte Graziengruppe, eigentlich Inbegriff von Anmut und Liebreiz, rekurriert zumindest soweit auf die gartenskulpturale Praxis, als in der Tat Geschlecht und Anus für Wasserinszenierungen genutzt

[31] Franois Rabelais, *Gargantua und Pantagruel*, I, 55.

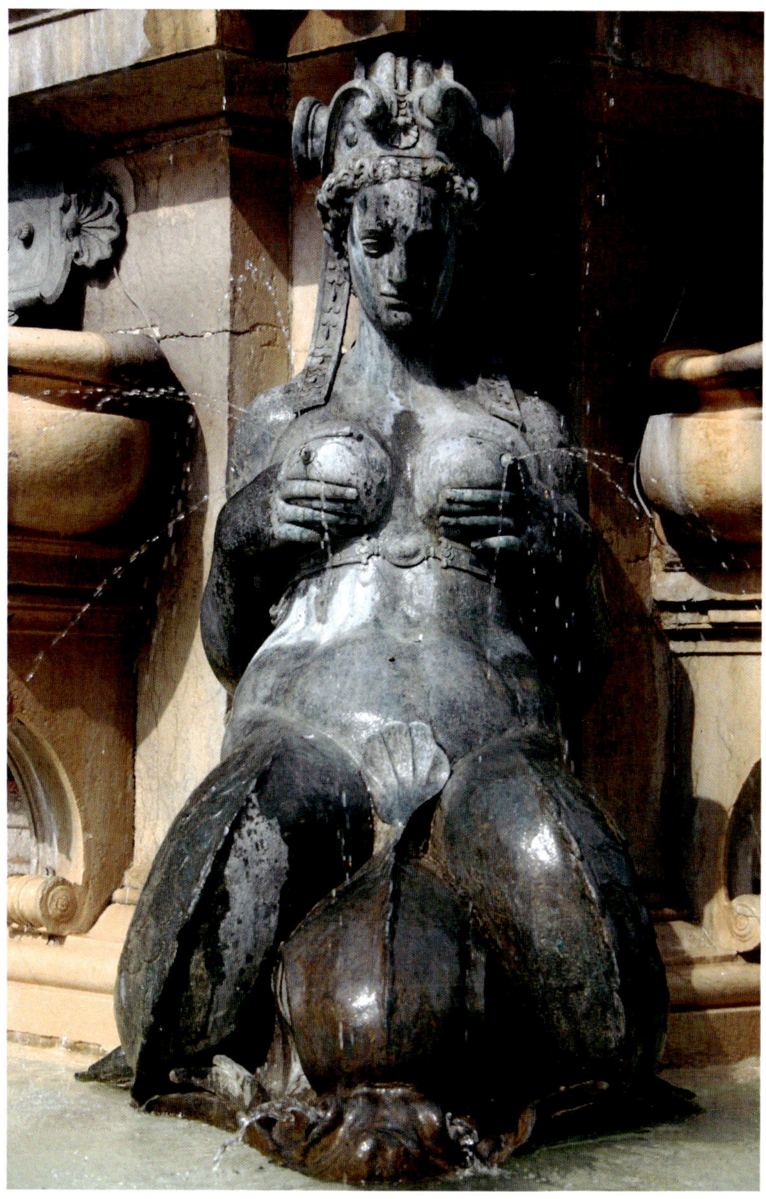

Abb. 5: Giambologna, *Najade,* Neptunbrunnen in Bologna, 1563/66.

wurden.[32] Einen anderen, lyrischeren Modus schlug Claudio Tolomei anlässlich einer Gartenbeschreibung an, als er die dünnen Wasserstrahlen mit den Tränen der Verliebten – „quasi lacrime d'innamorati"[33] – verglich. Inszeniertes Brunnenwasser, das als Tränen zu deuten wäre, ist freilich kaum einmal realisiert worden. Am ehesten wäre noch die sich mit einem Schlangenbiss in die Brust tötende Cleopatra in einem Stich Andreas Böcklers zu nennen.

Häufiger hingegen, wie gerade Böcklers Brunnenstiche belegen, war aus den weiblichen Brüsten spritzendes Wasser.[34] Eine Brunnenzeichnung Jacopo Bellinis zeigt ein frühes Beispiel, bekannter war die *Hypnerotomachia Poliphili,* und mit Giambolognas Bologneser Neptunbrunnen (Abb. 5) liegt das berühmteste Beispiel eines Figurentypus vor, der auch für ephemere Aufgaben eingesetzt wurde. Am Triumphbogen für eine *Entrée* Heinrichs II. bedeutete das Wasser aus den Brüsten die Milch, die wiederum „la douceur, qui provient des bonnes lettres" symbolisiert.[35] Der Metapher von der Süße der Wissenschaft liegt hier vermutlich die Vorstellung zugrunde, dass Bildung eine so süße geistige Nahrung für die Adoleszenten und Erwachsenen sei wie die Mutter- bzw. Ammenmilch für die Babys. Ob eine solch offizielle und politisch korrekte Allegorese oder im Falle von Giambologna die

[32] Im Falle des Anus ist es mir nur aus Zeichnungen (z. B. Nikolaus Manuel Deutsch bei einer Basler Zeichnung mit einer Susanne im Bade) bekannt und beim Geschlechtsteil handelt es sich ausnahmslos um das männliche. Einen Vorläufer hat dies bei manchen Wasserspeiern, die nicht nur den Anus, sondern auch die Vagina als Öffnung für Wasserabfluss inszenieren; vgl. Waldemar Deonna, Fontaines antropomorphes. La femme aux seins jaillissants et l'enfant „mingens", in: *Genava* 6 (1958), S. 239–296, hier S. 258.

[33] Tolomei, Delle lettere (wie Anm. 30), S. 13.

[34] Bei Andreas Böckler, *Architectura Curiosa Nova,* Nürnberg 1666, passim.

[35] Deonna, Fontaines (wie Anm. 32), S. 243.

Milch als Metapher für die Fürsorge der Stadt tatsächlich die sexualisierte Dimension übertünchen konnte, ist zu bezweifeln. Unproblematisch ist hingegen die Deutung von Spritzwasser als Blut, wenn

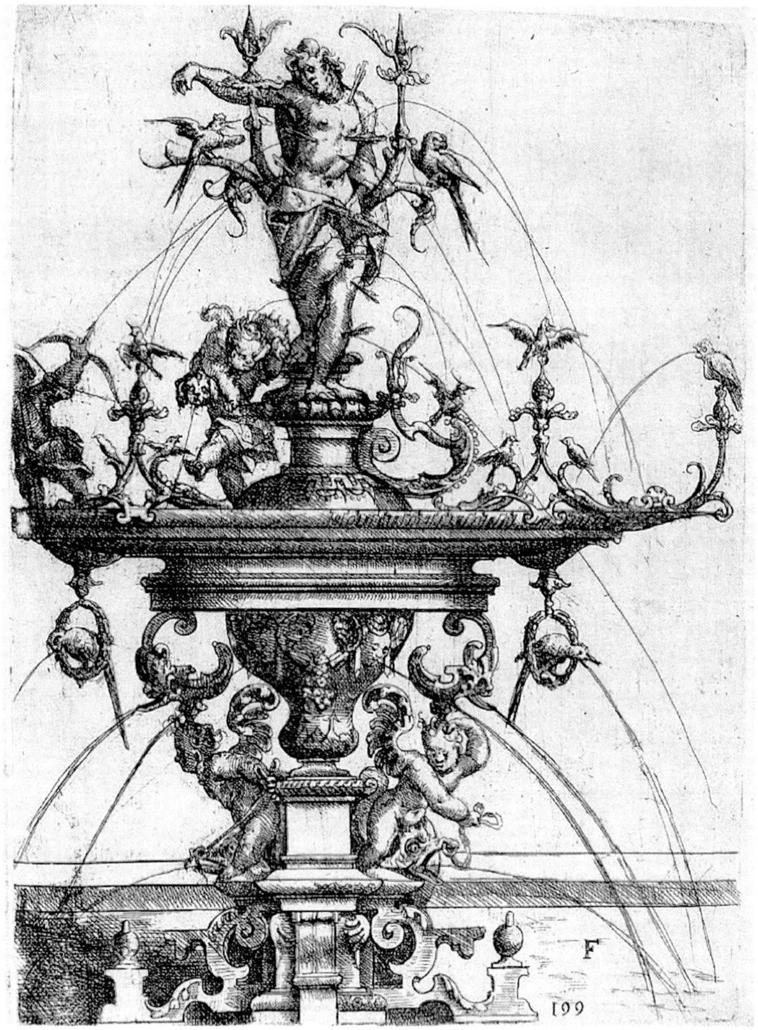

Abb. 6: Wendel Dietterlin, Kupferstich mit Entwurf eines Brunnens mit Darstellung des Sebastiansmartyriums, 1598.

Herkules der Hydra das Haupt abschlägt, wenn bei dem Martyrium des Sebastian, wie in Wendel Dietterlins Stich, das Blut aus den Pfeillöchern spritzt (Abb. 6), oder wenn der Pelikan gemäß der Tierallegorien des *Physiologus* seine Brust aufreißt, um mit dem Blut seine toten Kinder zum Leben zu erwecken.

Der nicht erst seit dem *Manneken Pis* bekannteste Typus einer Brunnenfigur mit spritzender Körperflüssigkeit ist der *puer mingens* bzw. *putto pissatore,* der bereits in der antiken Skulptur vorkommt, aber vermutlich im Umfeld Donatellos wieder aufgegriffen und seither zu einer der beliebtesten Brunnenfiguren der Frühen Neuzeit wurde. Gelegentlich wird der Kinderurin aber auch mit Wasser als Wasser in Bezug gesetzt. Dies ist der Fall bei Böcklers Kind unter einem Regenschirm (Abb. 7), dessen herunterplätscherndes Wasser vielleicht den Harndrang noch forciert hat. Von derbem Humor ist Valerio Ciolis Gruppe in Pratolino, wo eine Mutter Wäsche in einem Waschbecken wäscht, in das ihr kleiner Sohn gerade pinkelt.[36] Besonders sauberes Wasser wird also in beiden Fällen durch den Knaben verunreinigt. Der *Putto pissatore* spielt mit den unterschiedlichen Moralvorstellungen, die mit dem Urinieren eines Kindes im Gegensatz zu einem Alten, der Gleiches tut, verbunden sind. Er steht auch im Zusammenhang mit den vielen anderen Brunnenputten als Fontänenfiguren. Der erfolgreichste davon ist der auf den antiken Ganswürgertypus zurückgehende Putto, der einem Tier (Gans, Delphin, Schwan) die Luft abdrückt (s. u. bei Charles Lebruns Trophäenbrunnen), wodurch der feuchte

[36] Vgl. Claudia Lazzaro, From the rain to the Wash Water in the Medici Gardens at Pratolino, in: *Renaissance Studies in Honor of Craig Hugh Smyth,* Bd. 2, Florenz 1985, S. 317–324.

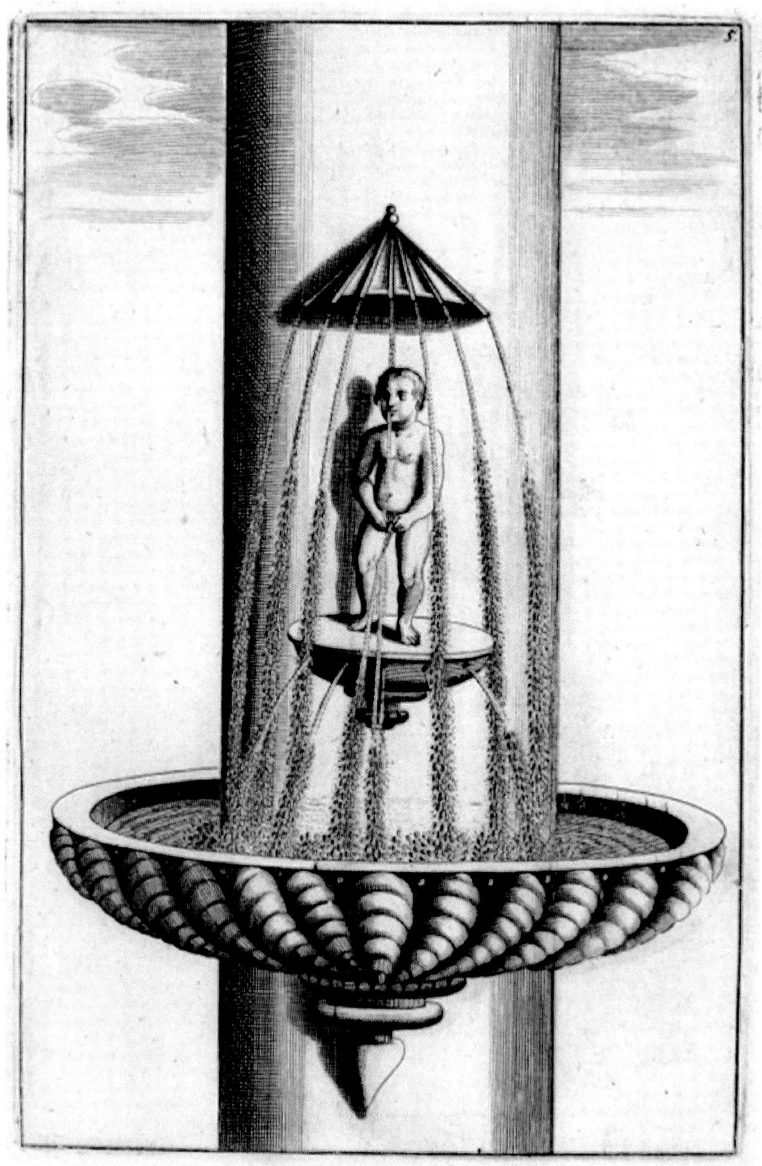

Abb. 7: Andreas Böckler, *Architectura Curiosa Nova...*, Nürnberg 1666, Kupferstich mit der Darstellung eines Brunnens mit einem *putto pissatore.*

Atem dann in Form von Wasser entweicht – im hohen Stil finden wir dies im Herkules-Antäus-Mythos, wie er in der Frühen Neuzeit großformatig erstmals im Medici-Garten von Castello realisiert wurde. Generell ist der Mund die mit Abstand häufigste Körperöffnung für herausschießendes Wasser.

Eine besondere narrative Qualität bekommt dies im Versailler Latonabrunnen (Abb. 8). Dort werden Latona und ihre Kinder, die auf einer Felsinsel zu verdursten drohen, von Fröschen und zu Fröschen werdenden schilfschneidenden Bauern verhöhnt und angespien. Neben dem Wasser und dem Figurensockel als Insel im See ist auch die Rahmung Teil des Bildortes. Der Rasenring ist das Seeufer (und er-

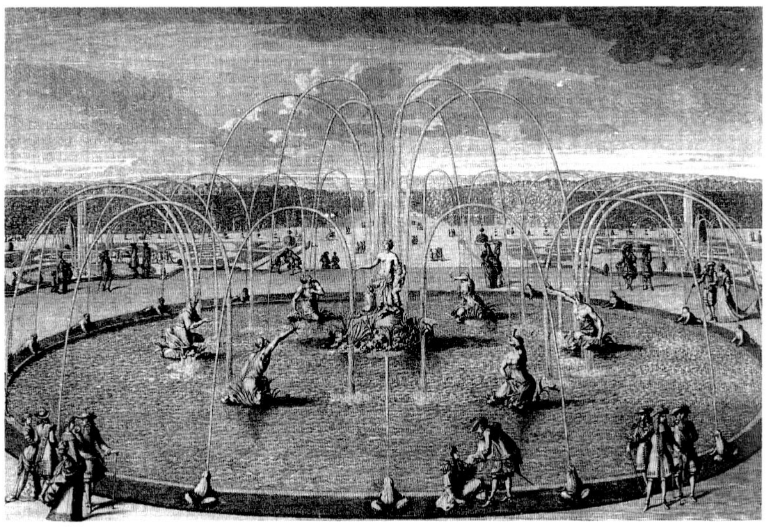

Abb. 8: Pierre Le Pautre, Kupferstich (1678) nach dem *Bassin de Latone* (Entwurf: Charles Lebrun; Ausführung: Gaspard Marsy, 1668/70) in Versailles.

scheint als solcher umso mimetischer, je höher das Gras wächst und derart die Assoziation Schilf steigert), auf dem die zu Fröschen gewordenen Bauern ihre Aggressionen fortsetzen. Dort lassen sich aber auch Besucher nieder, um dem Schauspiel der grotesken Verwandlung beizuwohnen. Oder sind sie in diesem Stück selbst Kandidaten für die Verwandlung?[37] Hier haben wir nicht nur das Phänomen, dass, wie bereits bei Dietterlins Brunnen mit einer Jagdszene, die Laute der Tiere für die Sprache der Tiere und für eine aggressive Kommunikation stehen, sondern auch ein reales Anspucken. Wir haben zugleich das Phänomen, dass das Schauspiel als Schauspiel inszeniert wird, wodurch die Menschen nicht nur zuschauen, sondern als Zuschauer inszeniert werden. Die Rasenbank stellt eine Schnittstelle zwischen Zuschauern, Fröschen und dem Garten als Skulpturenort her, dessen Zeitlichkeit in diejenige des Brunnens hinüberreicht. Sehen und Hören, Berühren und sogar Schmecken: alle Sinne, die den performativen Betrachter fordern, werden hier wie an anderen Brunnen in Versailles eingesetzt, und so ein Ideal, wie es Claudio Tolomei schon 120 Jahre früher formuliert hatte, für ein Themenspektrum umgesetzt, das dieser noch nicht vor Augen hatte.

Das bis zu seiner Beseitigung im späten 18. Jahrhundert berühmte Labyrinth von Versailles (Abb. 9) gehört in der Verschleifung von Gartenraum und Bildraum, von bildlicher und realer Tierwelt, von naturgegebener und künstlich erzeugter Geräuschkulisse zum avanciertesten seiner Art. Zu sehen waren drei Dutzend szenische Brunnen mit Äsopfabeln mit Tieren mittlerer Größe und möglichst in ihrer

[37] Vgl. Wiener, Skulpturenrahmen (wie Anm. 30), S. 139f.

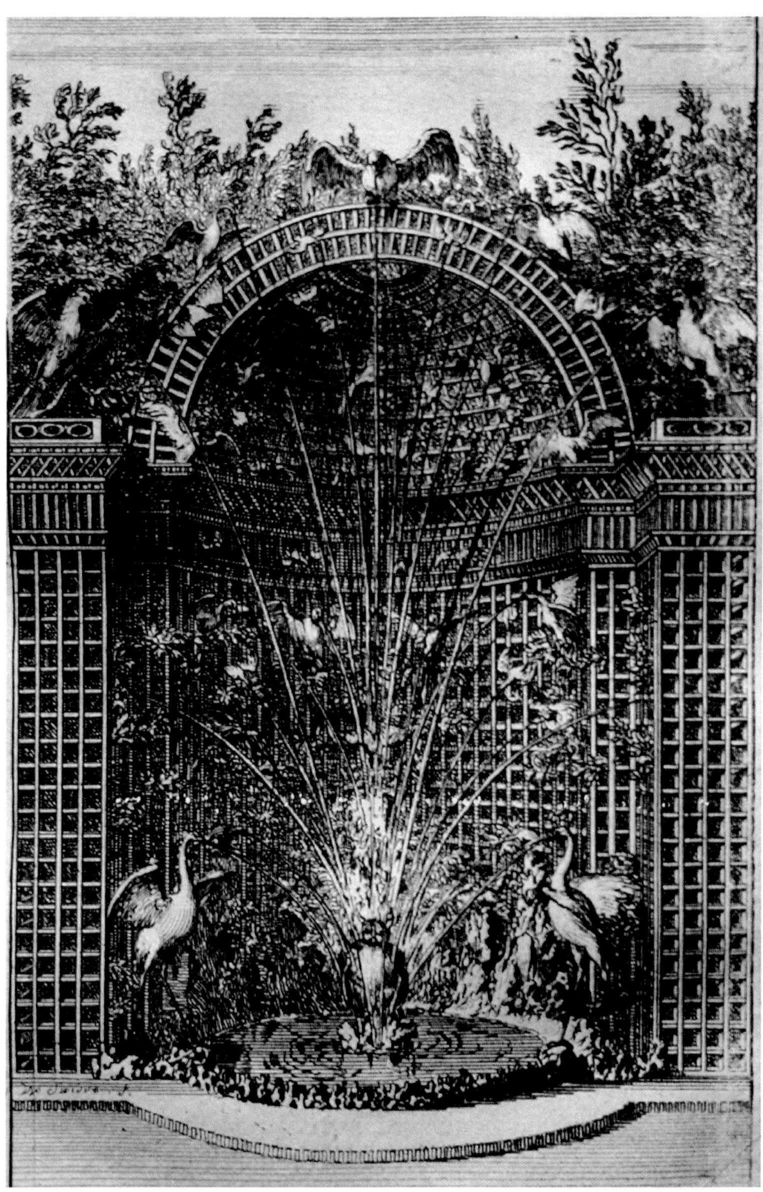

Abb. 9: Charles Perrault, *Labyrinte de Versailles,* Amsterdam 1682, Kupferstich (Kopie nach Sébastien Leclerc) ‚Der Uhu und die Vögel'.

realen Lebensgröße sowie mit einer naturnahen farblichen Fassung. Es sind nicht zuletzt viele Tiere dargestellt, die wie Enten und Vögel auch in der Realität des Boskettes vorkamen und von den Brunnen trinken konnten, und die mit ihrem Geschnatter und Gezwitscher die Mimesis akustisch unterstützten. Dass mit lebenden Tieren gerechnet wurde, die gerade in ihrer Steigerung natürlicher Lebendigkeit selbst zu Statuen werden, bestätigt 30 Jahre später Dezallier d'Argenville: „On met encore sur ces eaux pour l'ornement, des cygnes, des canards, & des oyes de différente couleur."[38]

Die Stimulierung des Hörsinns betonte Charles Perrault in der offiziellen Publikation eigens: „Die kupfferne Thiere mit ihren natürlichen farben sind so wohl gemacht, dass sie in ihrer Wirckung es selbsten zu seyn scheinen, allermassen das Wasser, welches sie auswerffen einiger massen die Sprach ausdrückt, so ihnen durch die Fabel zugeeignet wird."[39] heißt es 1682 in der deutschen Übersetzung. Im konkreten Fall des Versailler Labyrinths ist die Unverständlichkeit der Sprache der Tiere kein Defizit, sondern steigert den Eindruck, denn wenn alle durcheinander schreien und schimpfen, bleibt nur ein undifferenzierter Lärm. Bei vielen Szenen ist der Wasserstrahl vitaler Ausdruck der Verachtung, Akt des Beschämens oder Anklagens bis hin zu einem Bespeien und Schlagen. Er drückt gestisch und akustisch die

[38] Dezallier, Théorie (wie Anm. 25), S. 71. Nicht nur im Fall von sogenannten *ornamental hermits* (Menschen, die dafür bezahlt wurden, in Gärten ein Eremitenwesen zu simulieren) konnten außerdem auch Menschen zum plastischen Schmuck von Gärten zählen.

[39] Perrault, Labyrinthe 1682 (wie Anm. 30), ohne Paginierung; auf französisch: „Les animaux de bronze colorié selon le naturel, sont si bien désignez, qu'ils semblent estre dans l'action mesme qu'ils represent, d'autant plus que l'eau qu'ils jettent, imite en quelque sorte la parole que la Fable leur a donné."

emotionalen Modi der Kommunikation aus, mit denen nicht zuletzt auch auf den Topos angespielt wird, dass den Kunstwerken zum Leben nur noch die Stimme fehle. Wasser konnte aber auch Bildgegenstände formen, etwa wenn Kaskaden ein Tischtuch nachahmten.

Die als Nischen und Pavillons gebildeten Treillagen gehörten zum geläufigen gartenarchitektonischen Repertoire. Ihre Gitterstruktur machte es möglich, dass Blätter hindurchwuchsen und sich Vögel niederließen. Zugleich erinnert das Gerüst an Volieren, in denen in Gärten gesammelte seltene Vögel den Rahmen ihrer Präsentation hatten. Es konnte die Treillage aber auch zum Bildort eines Hühnerstalls werden. Derart sind Bild- und lebensweltlicher Ort ineinander projiziert. Dem Bild werden die Regeln des aus ephemeren Material bestehenden lebensweltlichen Ortes gegeben und dem lebensweltlichen Ort die Realität des Bildes. Treillagen sind im Zusammenhang mit den Fabelbrunnen Rahmen, Bildort und Lebenswelt, die dem Bild einen Platz anbietet. Über die Natürlichkeit der Materialien und der Bildgegenstände heißt es in Übersetzung Perraults: „Selbst die Anschauer erstarren gleichsam über die absonderlichen Erfindung und nackenden Ausbildung ihrer Vorstellung.“[40] Die Brunnen leisten in ihrer Ephemerität eine mimetische Inversion: das Werk wird real – und nicht nur topisch – lebendig, während der Betrachter in der Bewunderung erstarrt.[41]

[40] Ebd.; Dieser Satz geht in der Darstellung der Wirkung über den französischen Text hinaus, wo es heißt: „on ne se lasse jamais d'admirer cette prodigieuse quantité de Fontaines qui surprennent toutes par la singularité de l'invention, par la juste expression de ce qu'elles representent.“

[41] Den Topos des in Bewunderung erstarrten Betrachters bemühte auch Giovanni Andrea Borboni, *Delle Statue,* Rom 1661 (vgl. Reuter, Zeitlichkeit [wie Anm. 15], S. 122 u. 193, Anm. 464).

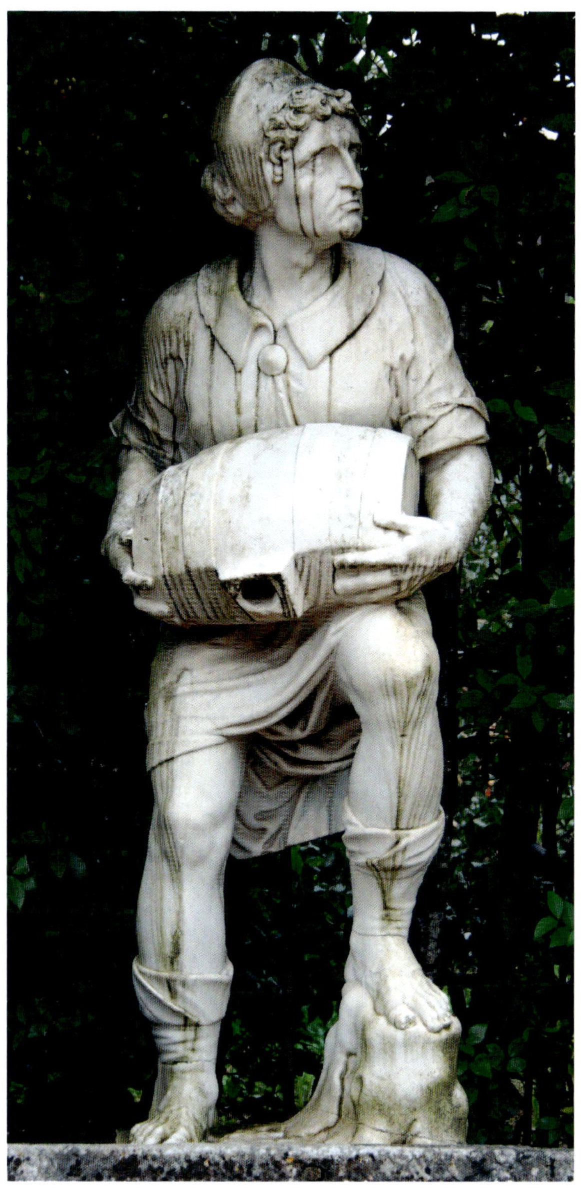

Abb. 10: Baccio Bandinelli, *villano che vuotà un barile* in Florenz, Boboli-Garten, 1553/55.

Das Spektrum der narrativen Verdinglichung vom Genrehaft-Ironischen, über das Heroische und Tragische bis zum Erotischen des Wassers reicht noch weiter, wie zumindest kurz angedeutet sei. Baccio Bandinelli variierte bei seinem für die Geschichte der Genre-Skulptur hochbedeutenden Bauern, der ein Fass ausleert (Abb. 10), ein Brunnen-*Pasticcio* aus *anticaglie* (Objekte einer Antikensammlung), zu dem ein weinschlauchleerender Satyr gehörte. Wasser meint hier Wein. Buontalenti lässt in einer Grotte in Pratolino die Skulptur eines Pagen das Wasser oder den Wein für ein Gastmahl einschenken, während im Hintergrund eine als Samariterin (Joh 4, 7) gedeutete Automatenfigur zu einem Brunnen geht, um Wasser zu holen.

Häufiger begegnet Wasser, das als Wasser einer Historie, die von Wasser handelt, dargestellt wird. Dem Wasser entstiegen wringt sich bei der von Giambologna für die Medici-Villa in Castello geschaffenen Bronzestatue eine nackte Frau ihr Haar aus. Ikonographisch bezeich-

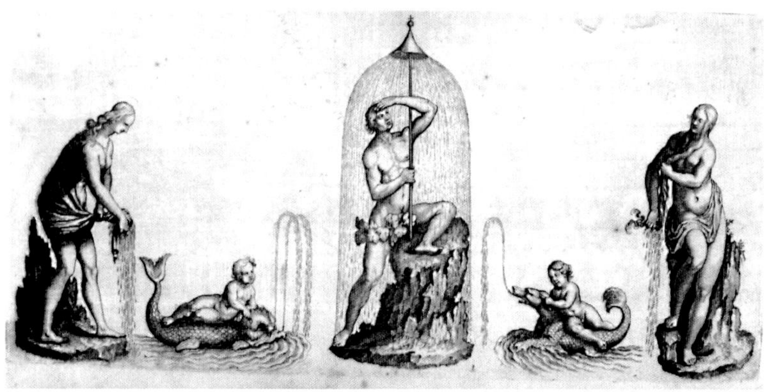

Abb. 11: Salomon de Caus, *Hortus Palatinus* (1620), Kupferstich mit mehreren Brunnen.

net sie die Florentiner Stadtallegorie *Fiorenza,* gebildet ist sie aber als die dem Meer entstiegene Aphrodite *Anadyomene* (die Entsteigende), wie sie der antiken Überlieferung nach Apelles gemalt haben soll.[42] Giambologna stellt sich einem diachronen *Paragone* mit Apelles als dem Inbegriff des mimetischen Illusionismus', indem er dem Thema mit Hilfe des fließenden Wassers partiell Leben einhaucht. Salomon de Caus paraphrasierte das Motiv für den Heidelberger *Hortus Palati-*

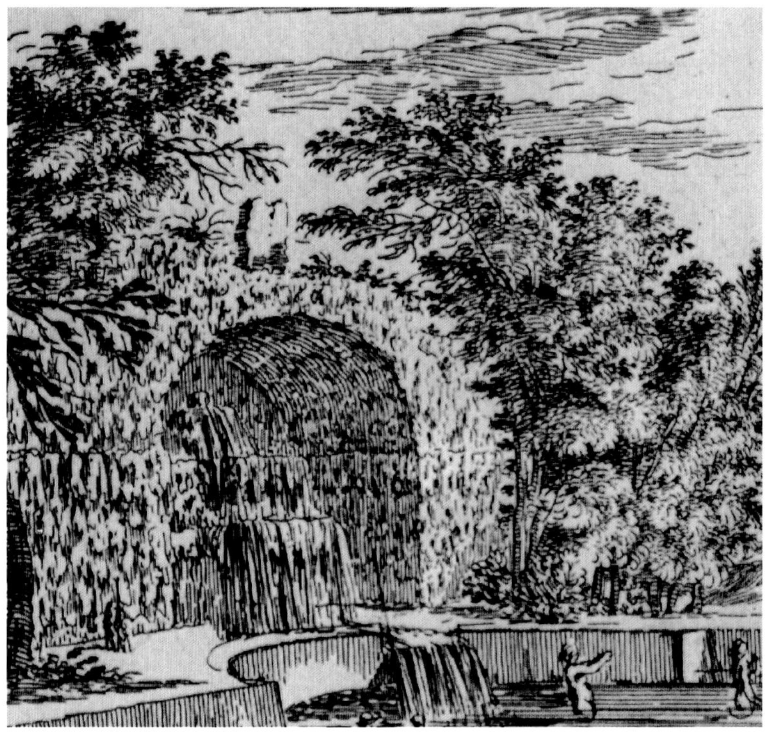

Abb. 12: Adam Perelle: Kupferstrich mit der Darstellung der *Grotte in Rueil,* um 1650.

[42] Plin., *nat.* 35,36.

nus (Abb. 11) und variierte es mit einer Frau, die auf einem Felssockel ihr Kleid auswringt. Er entwarf für Heidelberg außerdem eine Grotte, in deren Wasser sich Narziss spiegelt und sich damit todbringend in sich selbst verliebt. Ein Bassin vor einer Grotte im Garten von Richelieus Schloss in Rueil zeigt nackte Badende im Bassin (Abb. 12). Im Medientransfer des Stichs ist es unmöglich zu entscheiden, ob Skulpturen gemeint sind oder Menschen als pittoreske Zutat oder beides (wie in der berühmten Badeszene in der Fontana di Trevi in Fellinis *La dolce vita).* Vermutlich handelte es sich in Rueil um ein dreidimensionales Dianabad wie 120 Jahre später zu Fuß der großen Kaskade in Caserta. In Rueil gab es noch weitere wasserspritzende Figuren wie etwa pissende Hunde oder ein Drache, der die Besucher bespritzt.[43] Gemeint ist damit aber Feuer, womit eine mehr oder weniger witzige Verkehrung der diametralen Elemente Wasser und Feuer gegeben war.

Feuer als Feuer verlangt auch die – eher seltene – vollständige Inszenierung des Wörlitzer *Vesuvs* (Abb. 13), wo sich zugleich mittels Spiegelung eine Metamorphose von Wasser in Stein vollzieht und damit wiederum die Metamorphose einer Bogenarchitektur aus *Rustico*-Material in einen Riesenkopf. Nicht Feuer, sondern den Rauch von Kanonenschüssen sollte das Wasser aus Kanonenrohren eines von Charles Lebrun geplanten Trophäenbrunnens darstellen (Abb. 14).[44] Eine andere Waffe sind Pfeil und Bogen Amors (Abb. 15), die Lebrun so anordnete, dass das Wasser den durch die Luft sausenden Pfeil bedeutet, der dann doch auf ihn zurückfällt.

[43] Weber, Brunnen (wie Anm. 27), S. 246–249.

[44] Als Rauch einer Explosion muss auch ein „Brunnen nach alter Manier“ bei Böckler (wie Anm. 34), Tafel 66, gelesen werden.

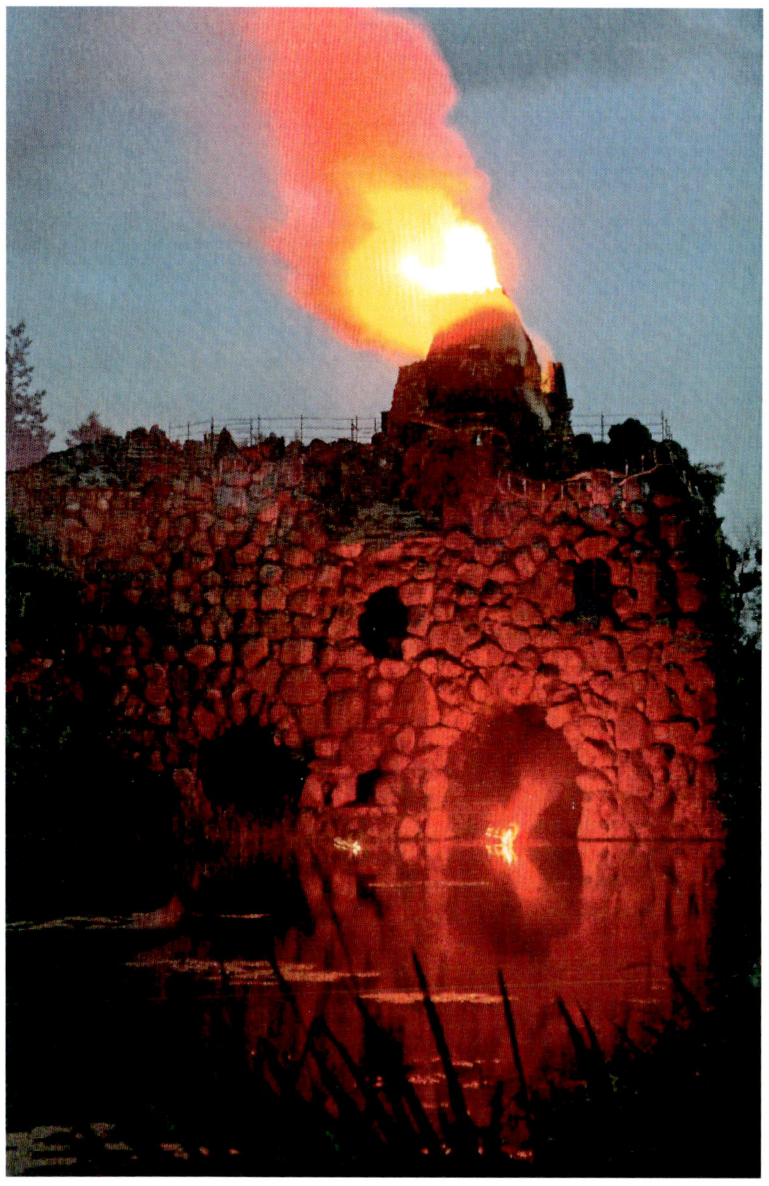

Abb. 13: Friedrich Wilhelm von Erdmannsdorff (Entwurf), Felseninsel „Stein" mit „Vesuv" im Wörlitzer See, um 1790.

Nicht nur einzelne Spritzer, sondern größere Wassermassen in Gärten vor dem Zeitalter der aufgeklärt sublimen Landschaftsgärten zu inszenieren, hieß künstliche Wasserfälle zu bilden, und zwar nicht als Spektakel an sich, sondern in einem narrativen oder ortsallegorischen oder beides zusammen bemühenden Historienraumbild. Dieses vereint in neuer Weise das Ephemer-Natürliche bzw. scheinbar Ephemer-Natürliche mit genuin künstlerischen Praktiken, die nicht nur zu einer Ununterscheidbarkeit von Kunst und Natur führen, sondern diese Ununterscheidbarkeit zum selbstreflexiven Thema dieser Kunst macht.[45]

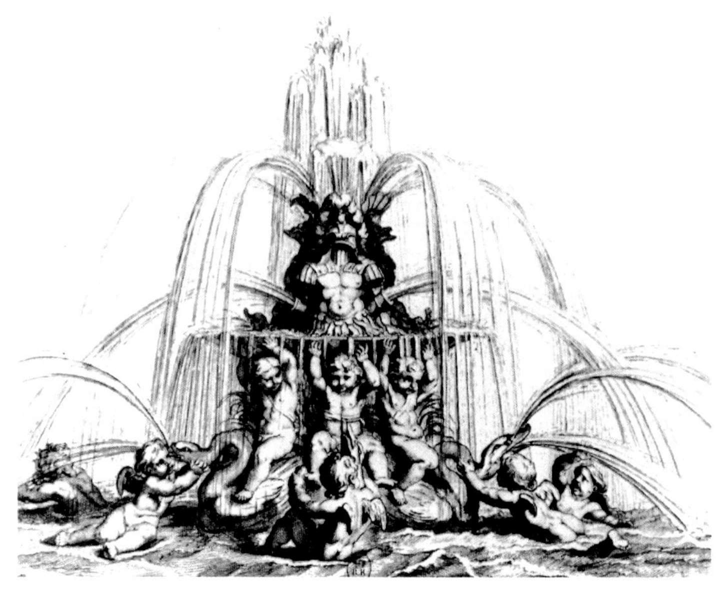

Abb. 14: Charles Lebrun, Entwurf eines Puttenbrunnen vermutlich für Versailles.

[45] Tolomei (wie Anm. 30), S. 12: „mescolando l'arte con la natura, non si sa discernare s'ella é opera di questa o di quella; anzi hor altrui pare un naturale artifizio, e hora una artifziosa natura: in tal mode s'ingegnano in questi tempi rassembrare una fonte, che da l'istessa natura, non a caso, ma con maestrevol arte sia fatta."

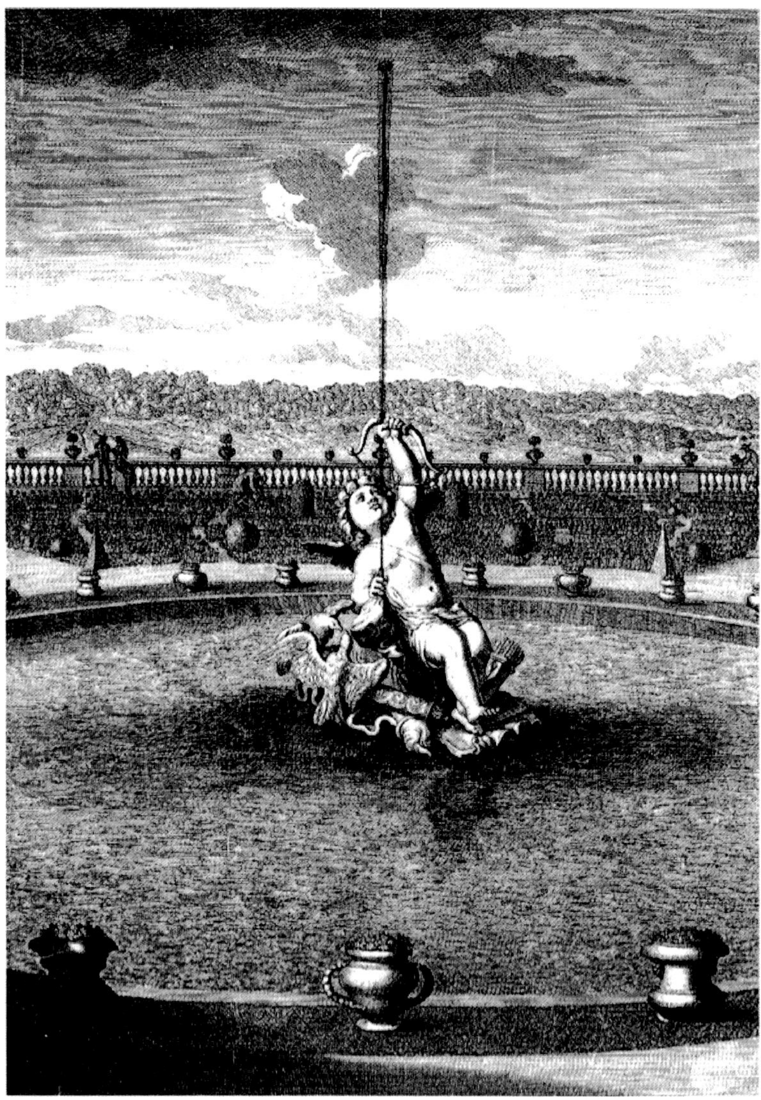

Abb. 15: Jean Le Pautre, Kupferstich nach dem *Amorbrunnen* von Louis Lerambert (Entwurf von Charles Lebrun) im *Parterre du nord* in Versailles, um 1668.

Dabei ist nicht mehr nur das Wasser selbstreferentiell, das heißt Zeichen und Referent sind identisch, sondern alle Materialien meinen sich selbst. Wasser, Pflanzen und Erde meinen Wasser, Pflanzen und Erde und die Tierwelt, die sich dort niederlässt, all die Kaninchen, Katzen, Mäuse, Insekten, Eidechsen, Vögel etc. steigern die authentische Referenz und sind zugleich eine semantische Spezifizierung: Es sind Materialien, die den Ort als diesen oder jenen Ort bezeichnen. Es sind die Materialien der Ortsallegorien Tivolis, des Apennins, des Parnass etc.

Im Garten der Villa d'Este in Tivoli mutet die in einem Segmentbogen geführte Kaskade im Zentrum eines ovalen und von einem halbkreisförmigen Kryptoportikus hinterfangenen Bassins aufgrund der großen geometrischen Regelmäßigkeit als *Ovata* bezeichnete Anlage wie ein dekoratives Arrangement an (Abb. 16). Über die Decodierung der nicht sofort zu sehenden, weil in die Landschaft integrierten und sich ihr materiell assimilierenden figuralen Allegorien – die tiburtinische Sibylle und der über eine Personifikation repräsentierte Fluss Aniene, die beide seit der Antike den Ruhm der Stadt ausmachen – wird das Ensemble zu einer riesigen selbstreferentiellen Ortsallegorie, die gerade durch den Wasserfall bezeichnet wird.[46] Dabei verweist der Wasserfall der Tivoli-Allegorie nicht nur auf den berühmten und

[46] David R. Coffin, *The Villa d'Este at Tivoli,* Princeton 1960; Carl Lamb, *Die Villa d'Este in Tivoli.* Ein Beitrag zur Geschichte der Gartenkunst, München 1966; Anna Schreurs, „Herkules verachtet die einstigen Gärten der Hesperiden im Vergleich mit Tibur". Die Villa d'Este in Tivoli und die „memoria dell'antico", in: *Architektur und Erinnerung,* hg. v. Wolfram Martini, Göttingen 2000, S. 105–127; Gérard Desnoyers, *La Villa d'Este à Tivoli ou le songe d'Hippolyte. Un rêve d'immortalité héliaque,* Paris 2002; Carmelo Occhipinti, *Giardino delle Esperidi. Le tradizioni del mito e la storia di Villa D'Este a Tivoli,* Rom 2009.

nur wenige Hundert Meter entfernten Wasserfall des Flusses Aniene, auf den hin die Landschaftsallegorie ausgerichtet ist, sondern er wird selbst aus dem Wasser des Aniene gespeist: das Wasser des Aniene bezeichnet das Wasser des Aniene. Zugleich wird der steil abfallende Ort ikonographisch noch mit einem anderen Berg überblendet. Unmittelbar hinter und oberhalb der Tivoli-*Ovata* schlägt Pegasus die musisch inspirierende Quelle Hippokrene aus dem Felsen, der demnach den Parnass repräsentiert (tatsächlich befand sich die Quelle am Helikon, aber in der Ikonographie fällt dieser meist mit dem apollinischen Musenberg Parnass zusammen, an dem sich der ebenfalls sibyllinische Ort Delphi befand) und damit die Villa und ihren Garten als Ort der Kunst ausweist.

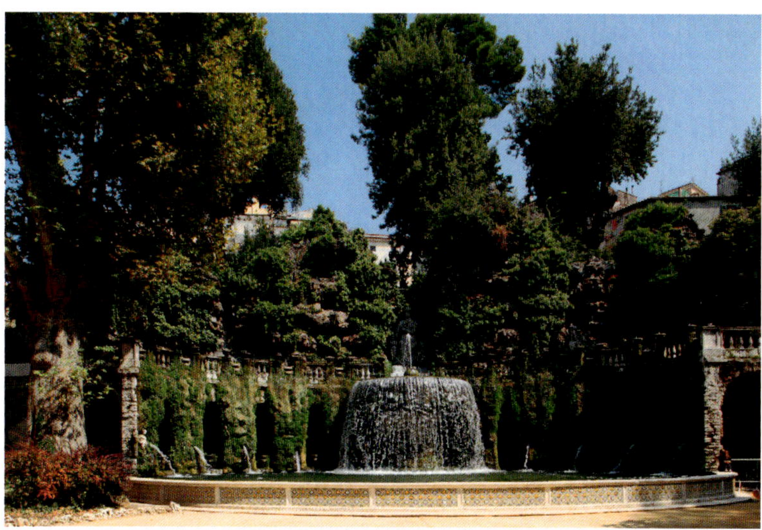

Abb. 16: Pirro Ligorio (Entwurf), *Tivoli-Brunnen* in Tivoli, Garten der Villa d'Este, um 1560/70.

Als Parnass ist auch der vermutlich nach 1605 entstandene Wasserfall Carlo Madernos im Garten des Quirinalspalastes zu lesen (Abb. 17). Das Mischwesen hinter dem Wasserfall stellt das mythische Monster Python dar, das nach der Ovidschen Sintflut sein Unwesen am Parnass trieb und von Apoll erlegt wurde, der mit dieser Tat den Berg zu

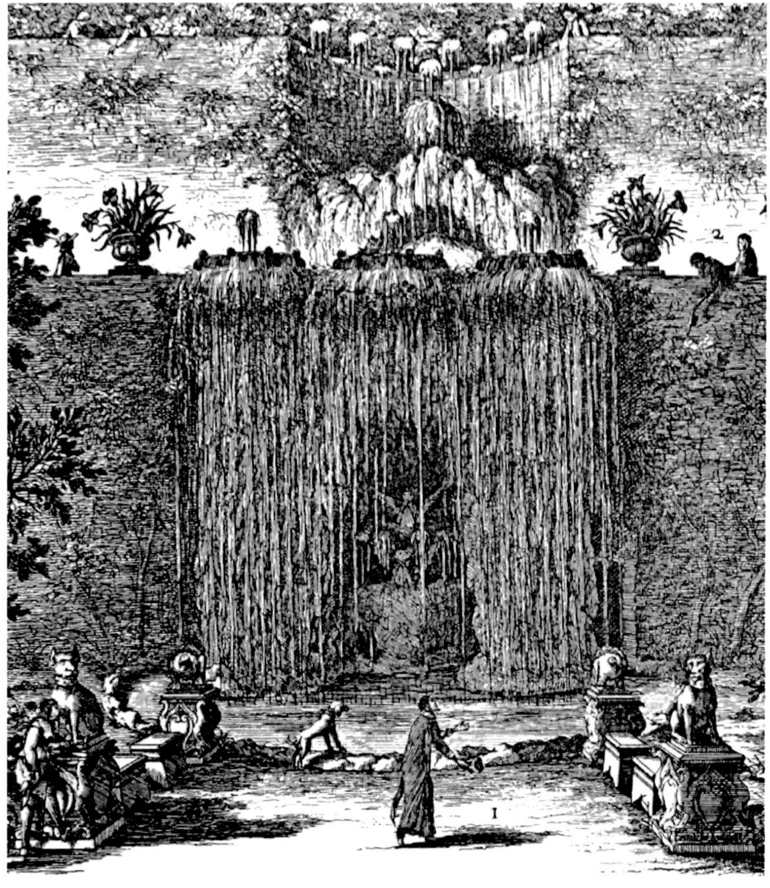

Abb. 17: Giovanni Battista Falda, Kupferstich der ‚Fontana della Pioggia/del diluvio' (Entwurf von Carlo Maderno, nach1605?) im Garten des Quirinalspalastes.

dem seinen machte. Der Titel *Fontana della Pioggia/del Diluvio* verweist – nicht nur für dieses Ensemble,[47] bei dem sich Signifikat und Signifikant schon deutlich weiter aufeinander zu bewegen –, auf die Ovidsche Schöpfungserzählung, in der nach dem großen Regen Feuer, Wasser und Erde nicht nur das neue Menschengeschlecht, sondern auch den Pythondrachen als seinen schlimmsten Feind hervorbrachten, dessen Erlegung mit den von Apoll eingesetzten pythischen Spielen gefeiert wurde. Seither ist Delphi ein heiliger Ort der Musik und Dichtung. Mit dem Wasserfall wird doppelt die Schöpfung aufgerufen, zum einen in der Neuentstehung des Menschen, zum anderen mit dem Beginn der Hochkunst, mit Musik, Dichtung, Tanz, Schauspiel und Malerei, um die dort gewetteifert wurde. Der über den Pythonmythos zum Berg der Künste gewordene Parnass bot sich wiederum als Topos für Gärten und ihre Skulptur an. In naturalistischer Gestalt mit Apoll, den Musen und Pegasus geschah dies vermutlich zum ersten Mal im Garten der Medici-Villa in Pratolino (s. u.).[48]

Ein noch dichteres Verhältnis zwischen Form und Inhalt zeigt dort noch heute Giambolognas Apennin, der verkörpert, was er personifiziert (Abb. 18). Er ist nicht nur eine Allegorie eines Gebirges, an dessen Ausläufer sich Pratolino befindet, sondern er stellt auch das aus dem Meer aufsteigende Gebirge hinsichtlich Form und Materialien dar. Der Apennin ist ein alter Mann, der scheinbar seit ewigen Zeiten

[47] Das Thema wurde auch bei drei weiteren der wichtigsten italienischen Gärten dieser Zeit realisiert: Villa Lante in Bagnaia, Villa Farnese in Caprarola und Villa Medici in Pratolino.

[48] Vgl. Luigi Zangheri, *Pratolino. Il giardino delle meraviglie, Florenz* ²1987; Hervé Brunon, *Pratolino: art des jardins et imaginaire de la nature dans l'Italie de la seconde moitié du XVIe siècle,* Lille 2002. (Microfiche der thèse de doctorat Paris I Panthéon-Sorbonne 2001).

da ist und zunehmend mit dem Personifizierten identisch wird. Als Statue wie als Person ist er bereits wieder im Versteinern begriffen.[49] Damit werden auch Erde und Stein als ephemere Materialien sinnlich

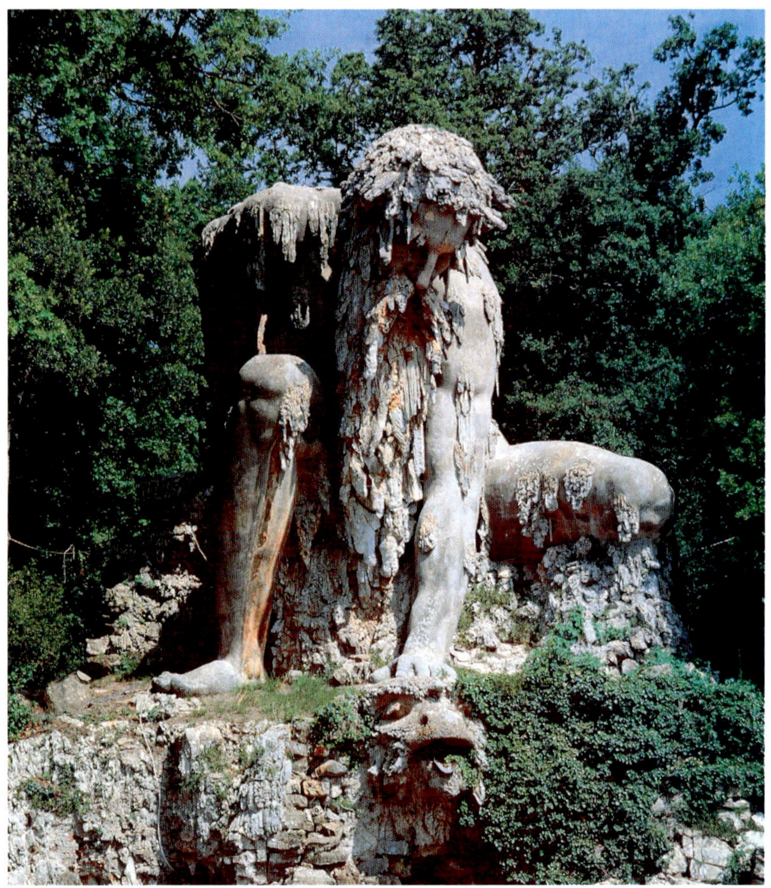

Abb. 18: Giambologna (und Bernardo Buontalenti), Allegorie des Apennin, Villa Medici (Demidoff) in Pratolino, um 1580.

[49] Vgl. Wiener, Metamorphose (wie Anm. 5), S. 142f.

erfahrbar gemacht. Für die scheinbar paradoxe Inszenierung von Vergänglichkeit mittels des Materials Stein wurden auch unmittelbar religiöse Interpretationen gefunden. Sie wird als Fixpunkt der Askese am deutlichsten in Kuks, wo das Ephemere des Steins als das Ephemere

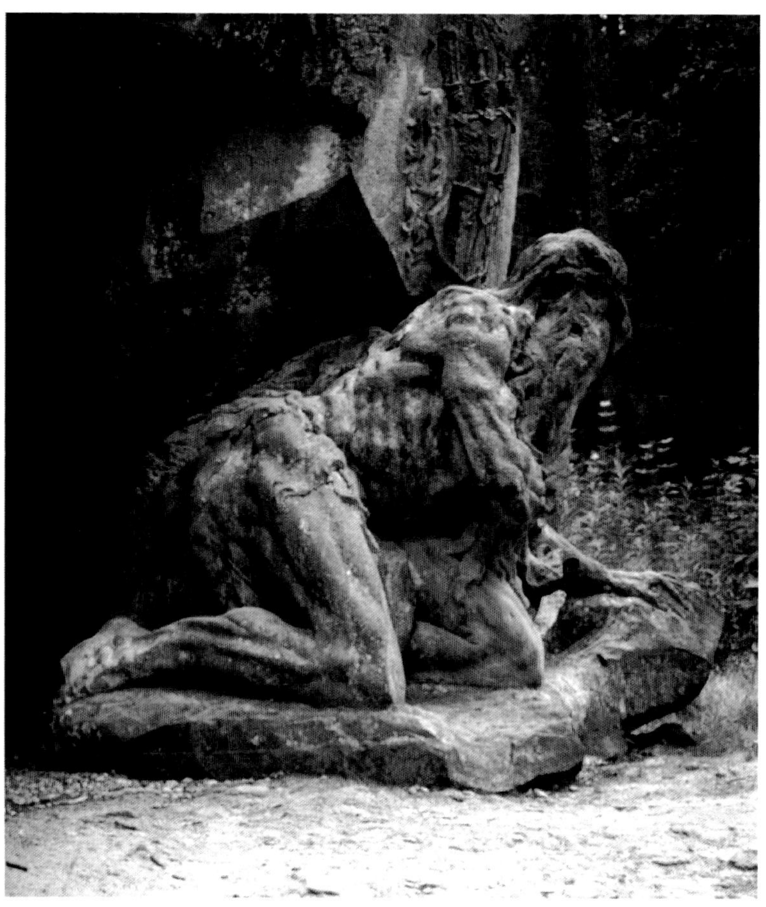

Abb. 19: Matthias Bernhard Braun, Hl. Garinus, *Bethlehemwald* bei Kuks, 1722/32.

menschlicher Existenz gedacht wird (Abb. 19). Die Figuren sind nicht nur aus dem natürlich anstehenden Felsen geschaffen, sondern sind bereits im Begriff, sich in diesen zu verwandeln: Existenzen, die, gerade weil sie ein Leben in Einheit mit der Natur führen, bereits schon zu Lebzeiten am Verkrusten, Versteinern und Vermoosen sind.

Prozesse, die Steinoberflächen mit Moos und Flechten überziehen, finden auch dann in der Gartenskulptur statt, wenn sie nicht unmittelbar intendiert sind. Gleichwohl passen sie zu Phänomenen figuraler Verähnlichung mit der Lebenswelt, die in anderer Hinsicht intendiert sind. Da Valerio Ciolis einst für Pratolino geschaffener *Mäher* (Abb. 20) auf einer Wiese zwischen Bäumen aufgestellt wurde, fielen ihre Blätter auch auf den Sockel, wo sich auch Moose bilden. Folglich verschmolz schon nach wenigen Jahren der Erdreich abbildende Sockel mit der Wiese, die nicht nur Aufstellungs-, sondern auch Bildort ist, auf den sich die Tätigkeit des Mähens bezieht. Das früher oder später mit Moos bewachsene, als *Salamandra* bezeichnete bedrohliche Monster im hinteren Teil der Wiese ist eine Skulptur, die ebenfalls mit der Zeit immer natürlicher bzw. unheimlicher erscheinen musste. Aber genauso gut könnte hier eines der frei laufenden exotischen Tiere gestanden haben, die es in Pratolino gab. Einmal mehr wäre dann die Kreatur zugleich Skulptur. Der ebenfalls ohne ästhetische Grenze unmittelbar aus dem Gartengelände aufsteigende *Parnass* in Pratolino war ein künstlicher und kunstvoller steiler Berg. Seine viel bewunderte Mechanik im Inneren machte das von einem eigens eingerichteten Zuschauerplatz aus theatral zu erlebende *Environment* mit

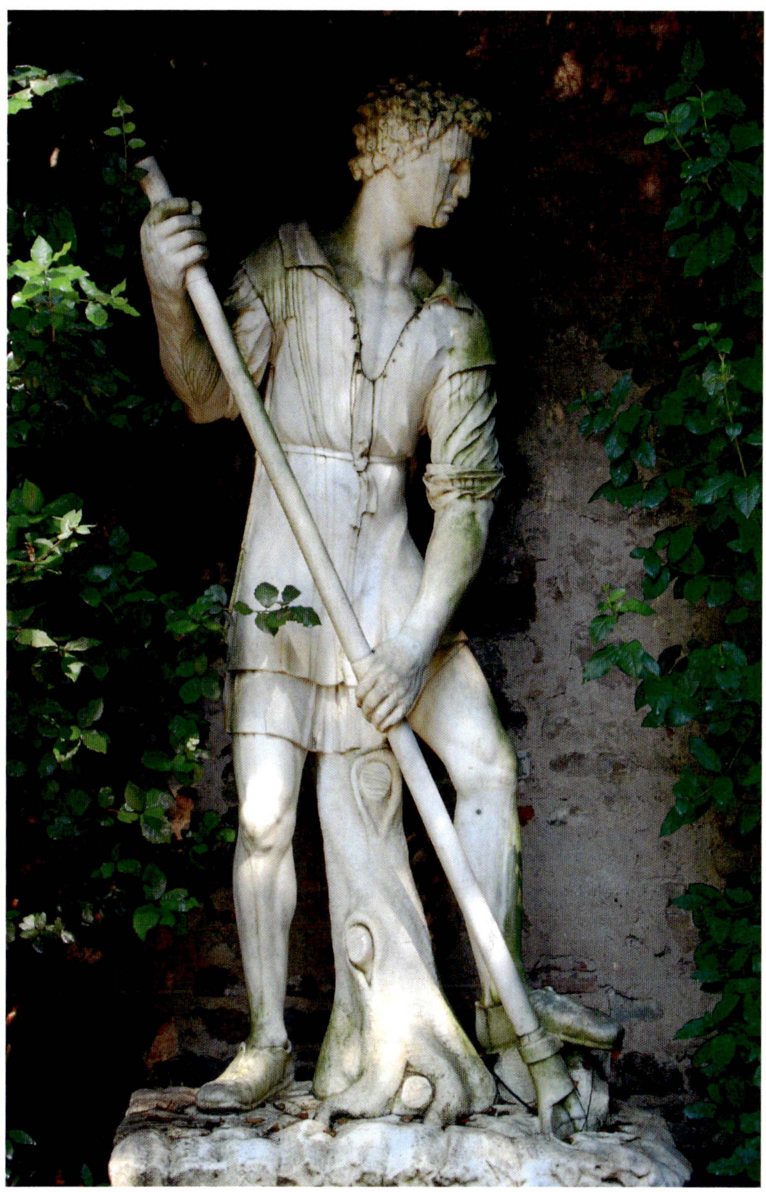

Abb. 20: Valerio Cioli, Mäher aus Villa Medici (Demidoff) in Pratolino (heute Boboligarten In Florenz), um 1575.

Statuen der Musen, Apolls und Pegasus' auch musikalisch erfahrbar.[50] Den lebendigen Eindruck unterstützten neben den Spritzwassern teils gepflanzte, teils zufällig gewachsene Pflanzen, die den Bewohnern des plastischen Bergbilds ein Naturambiente boten.

Theaterkulissenartige Hügel mit einer teils simulierten, teils echten Natur, in der Natur und Kunst, ohne die Grenzen präzise bestimmen zu können, ineinander übergingen, gab es schon länger. Die Initialzündung solcher Natur-Kunst-Kombinationen war die szenische Einpassung einer der berühmtesten *anticaglie* der vatikanischen Sammlung: die in einer Art *Reenactment* präsentierte schlafende Ariadne als sich tötende Cleopatra.[51] Sie erfuhr eine Verzeitlichung durch ihr Einfügen in eine *Rustico*-Brunnennische, die aus unregelmäßigen Steinen, zwischen denen Quellen zu entspringen scheinen, und dort wachsenden Pflanzen besteht. Sie ist der Auftakt für eine größere Reihe von schlafenden Nymphen oder liegenden Venusfiguren, die dem voyeuristischen Begehren ausgesetzt sind, wie verschiedene Bild- und Textmedien verdeutlichen, und damit immer schon den Betrachter mitdenken, oder ihn wie im Falle von Francisco D'Ollandas Stich direkt ins Bild holen.

Das Verfahren, Steine zu verwenden, die sich für Pflanzen eigneten, um einen möglichst natürlichen und lebendigen Eindruck zu bewirken, beschreibt Giorgio Vasari: „Pigliansi sassi spugnosi, e, […],

---

[50] Zum Einsatz von Automaten in Gärten vgl. Gabriele Uerscheln / Verena Schneider / Stefan Schweizer (Hg.), *Salomon de Caus und die Automatenkunst in den Gärten um 1600*, Düsseldorf 2008.

[51] Vgl. Elisabeth B. MacDougall, The Sleeping Nymph. Origins of a Humanist Fountain Type, in: *The Art Bulletin* 57 (1975), S. 357–365.

si fa nascervi erbe sopra, le quali con ordine che paia disordine e salvatico, si rendon molto naturali e più vere."[52] In dieser Perspektive ist Unordnung ein Verstärkungsmodus der Mimesis.

Der Höhepunkt unter den skulpturalen *Environments*, die mit ihrer Inszenierung natürlicher und lebendiger Materialien den originären Beitrag des Cinquecento zur Gartenkunst bilden, war die *Grotta Grande* im Florentiner *Boboligarten* (Abb. 21), wo nicht nur die Gattungen Architektur, Skulptur und Malerei in einem „bel com-

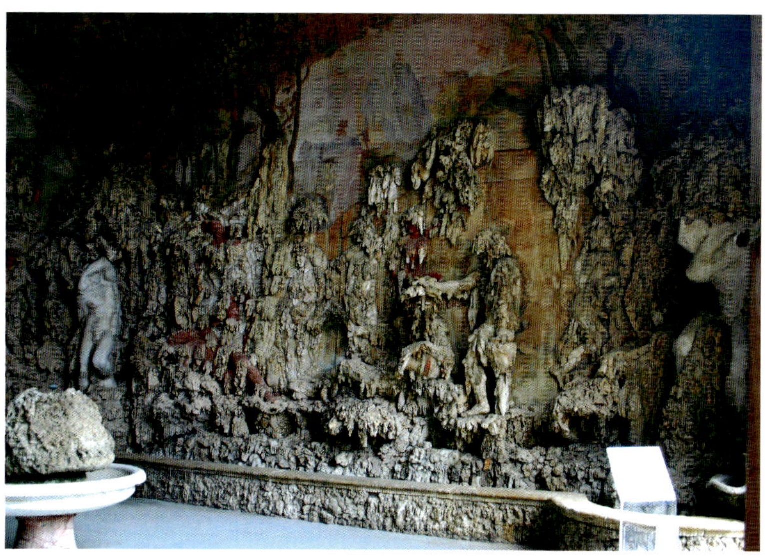

Abb. 21: Bernardo Buontalenti (Entwurf), *Grotta grande* im Boboligarten (1583–93) in Florenz mit dem *Bobolisklaven* von Michelangelo (um 1520/30), Fresken von Bernardo Poccetti, Reliefs von Piero di Tommaso Mati.

[52] Vasari, Vite (wie Anm. 26). Von „certo ordine disordinato" spricht auch Annibale Caro (der entsprechende Brief „Lettera a Monsignor Guidiccione, a Lucca" ist abgedruckt bei MacDougall, Fons Sapientiae (wie Anm. 30), S. 109–111), hier S. 109.

posto"[53], das auch das Hässliche der Natur einschließt, nahtlos ineinander übergehen, sondern auch der Einsatz der *Rustico*-Materialien davon handelt, wie sie verstanden werden wollen. Sie ist ein bildlich argumentierender Schöpfungsdiskurs von größter und nicht allein auf Texte reduzierbarer Komplexität,[54] die heute in der konservierenden, aber gerade deswegen sinnentstellenden Präsentation ohne Wasser nicht mehr erfahrbar ist. Das einst an den Wänden herabfließende Wasser brachte die Steinmaterialien als formbare und sich zu Figuren formende ephemere Materialen zur Erscheinung und schützte die heute fehlenden Pflanzen vor dem Vertrocknen. Es machte die simulierten ephemeren Prozesse der metamorphotischen Schöpfungserzählung als *opus distinctionis,*[55] als fortgesetzte Unterscheidung, vollgültig anschaulich, an deren Ende die im Bassin gehaltenen Fische, Frösche und Wasserpflanzen etc. standen. Die von Ovid beschriebenen Prozesse des Übergangs von Erde und Steinen zu Menschen und vice versa und damit die Latenz von Figuren in der *terra,* so wie diese einst im Chaos latent war (kraft der den Elementen inhärenten *sollertia naturae,* die hier nicht antithetisch von einer *sollertia divina* geschieden ist, sind die Elemente mit Handlungspotential ausgestattet), sind hier in der doppelten Variante des plastischen Modellierens aus Erde und des skulpturalen Herausschälens aus Marmorstein gegeben, aber auch mit biblischen Schöpfungsmythen überblendet, über die das kreative

[53] Das von Baldinucci auf Bernini gemünzte Wort (Filippo Baldinucci, *Vita del Cavaliere Gio. Lorenzo Bernino,* Florenz 1682, hg. v. Alois Riegel, Wien 1912, S. 234) ist selbst von Bernini nicht in einer der Grotta Grande vergleichbaren Konsequenz umgesetzt worden.

[54] Vgl. Wiener, Metamorphose (wie Anm. 5).

[55] Zum *opus distinctionis* als eine von drei Weisen des göttlichen Schöpfungsakts vgl. Thomas von Aquin, *Summa Theologiae* I, q. 65 pr; q. 66 a. 1; q. 69 a. 2; q. 70 a. 1; q. 74 a. 1; q. 74 a. 3.

Vermögen von natürlicher respektive göttlicher Schöpfung und von künstlerischer Schöpfung als Gegensatz und als Analogie verhandelt wird. Im Opaion in der als Himmel bemalten Decke befand sich ein das Sonnenlicht unruhig filterndes Aquarium mit Fischen, die verendeten, als in einem kalten Winter das Wasser zu Eis und sie selbst zu immobilen Skulpturen erstarrten.

Wie man sich das kreative Zusammenwirken von Wasser, vulkanischen porösen Steinen und Pflanzen sowie die Verwandlungsprozesse des Hervorgehens aus dem Stein bzw. des Versteinerns vorstellen muss, zeigen heute noch einige etwa gleichzeitige Grotten in und um Rom, die auch vorführen, wie lebendige Materialien Skulpturen zum Verschwinden bringen können und somit die Vorläufigkeit ei-

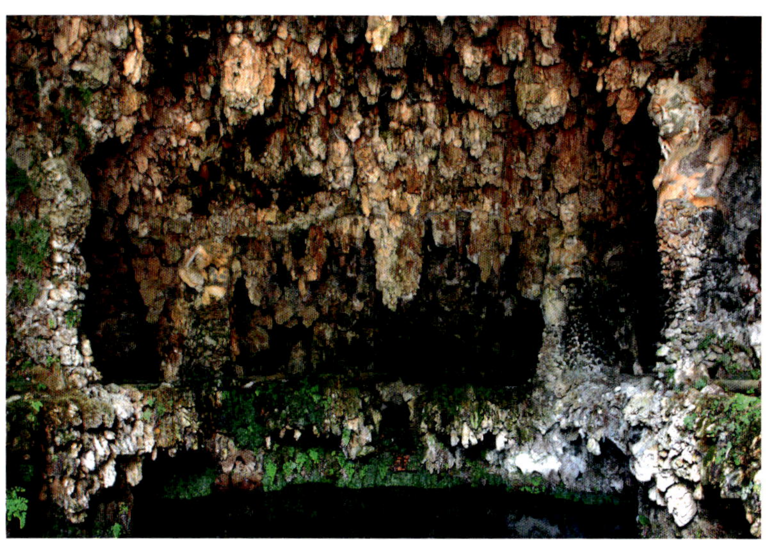

Abb. 22: Vignola (?, Entwurf), *Grotta della Pioggia* der Villa Farnese in Caprarola, um 1570.

ner scheinbar dauerhaften Präsenz von Skulptur aus festem Material unmittelbar sinnfällig machen (Abb. 22). Die mit dem Verschwinden einhergehende, zunehmend schwieriger werdende Unterscheidbarkeit zwischen Amorphem und Gestalt ist das rezeptionsästhetische Pendant zum Thema der Metamorphose. Insofern ist der mehr oder weniger kontingente Pflanzenwuchs dem Werk angemessen – seine Beseitigung im Sinne eines ständigen Werdens und Vergehens freilich auch. Damit ist nicht gesagt, dass das Verbergen von frei auf Sockeln aufgestellter Gartenskulptur hinter einem Pflanzenvorhang generell unangemessen wäre. Eventuell kann auch in einem solchen Fall die Natur in ihrer Prozesshaftigkeit unmittelbar ikonographisch werden: so etwa bei der zugewachsenen Statue einer Ceres oder bei Kaiserbüsten, wenn die Genealogie der Kaiser die Vergänglichkeit von Herrschaft impliziert (Abb. 23, 24). Auf vordergründige Weise zeigen sie, wie befristet die *ars longa/aeterna* ist, sofern nicht Menschen mit einer *vita brevis* stillstellend zur Aufrechterhaltung des Ewigkeitsimperativs eingreifen. Natur überschreibt, wenn sie nicht diszipliniert wird, die Schönheit aller von tätigen Menschen hervorgebrachten raumzeitlichen Ordnungen.

Die historische Leistung von Versailles war es, die naturierenden Prozesse aus den Grotten zu holen, und sie dabei mehr zu inszenieren als zu initiieren. Bei der *Fontaine d'Encelade* wird der Ausbruch des Ätna, dessen Naturgewalt zugleich durch die mythologische Figur des Enkelados innerhalb eines von tragischer Hybris bestimmten Verwandlungsnarrativs personifiziert wird, nicht mehr durch ein selbstreferentielles Material Wasser visualisiert (Abb. 25). Wasser meint hier Lava. Die Fontäne steht für eine nicht zu bändigende Naturgewalt,

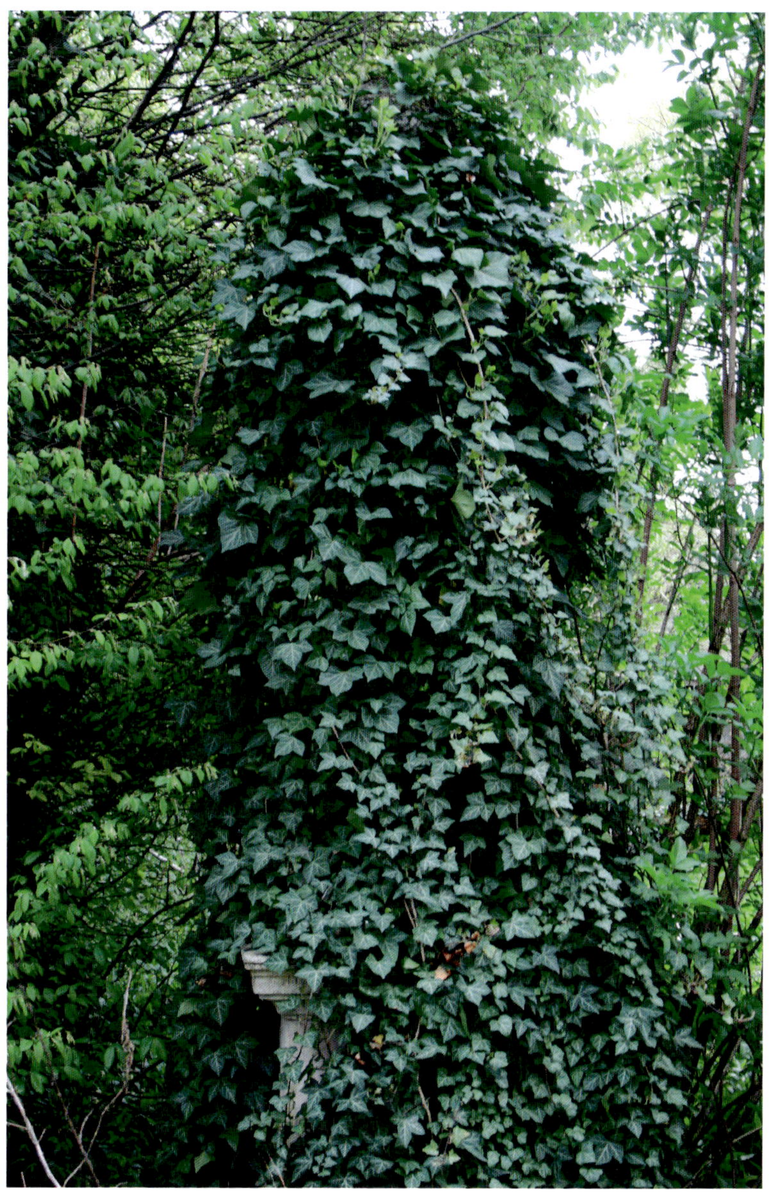

Abb. 23: Villa Breda in Padua-Ponte sul Brenta, zugewachsene Statue.

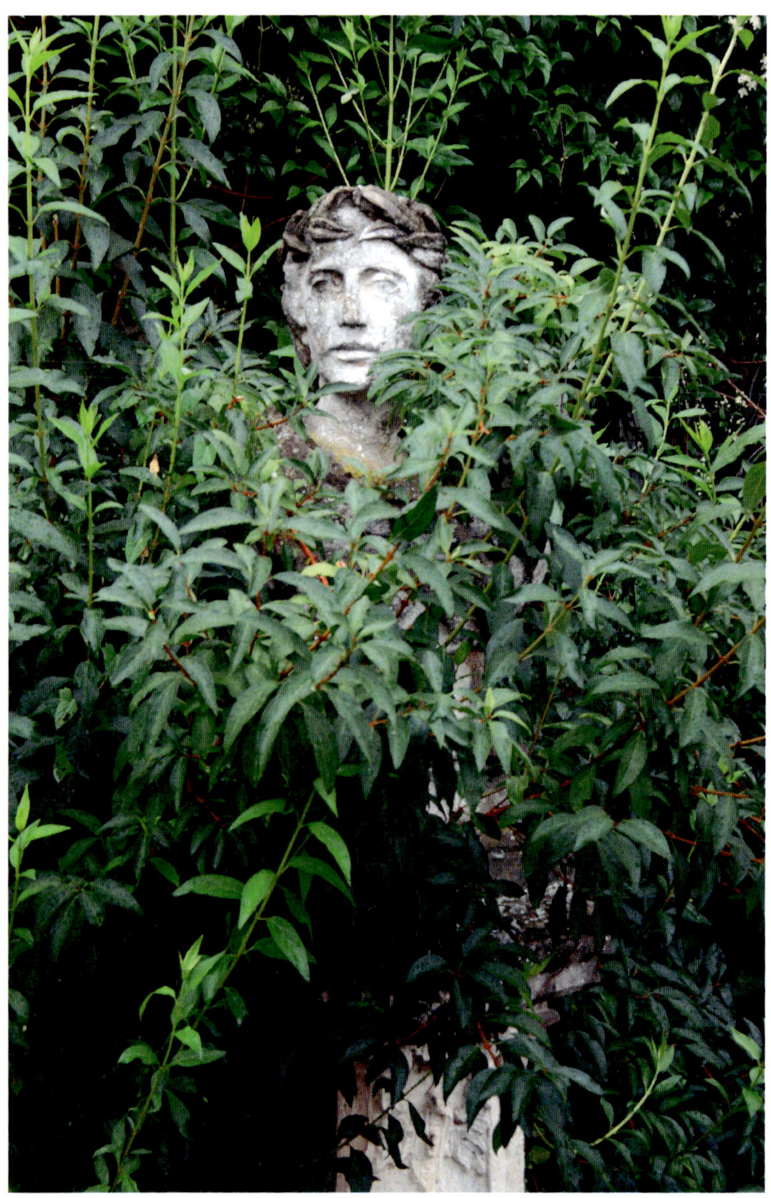

Abb. 24: Schloss Neuaigen, halb zugewachsene Kaiserbüste.

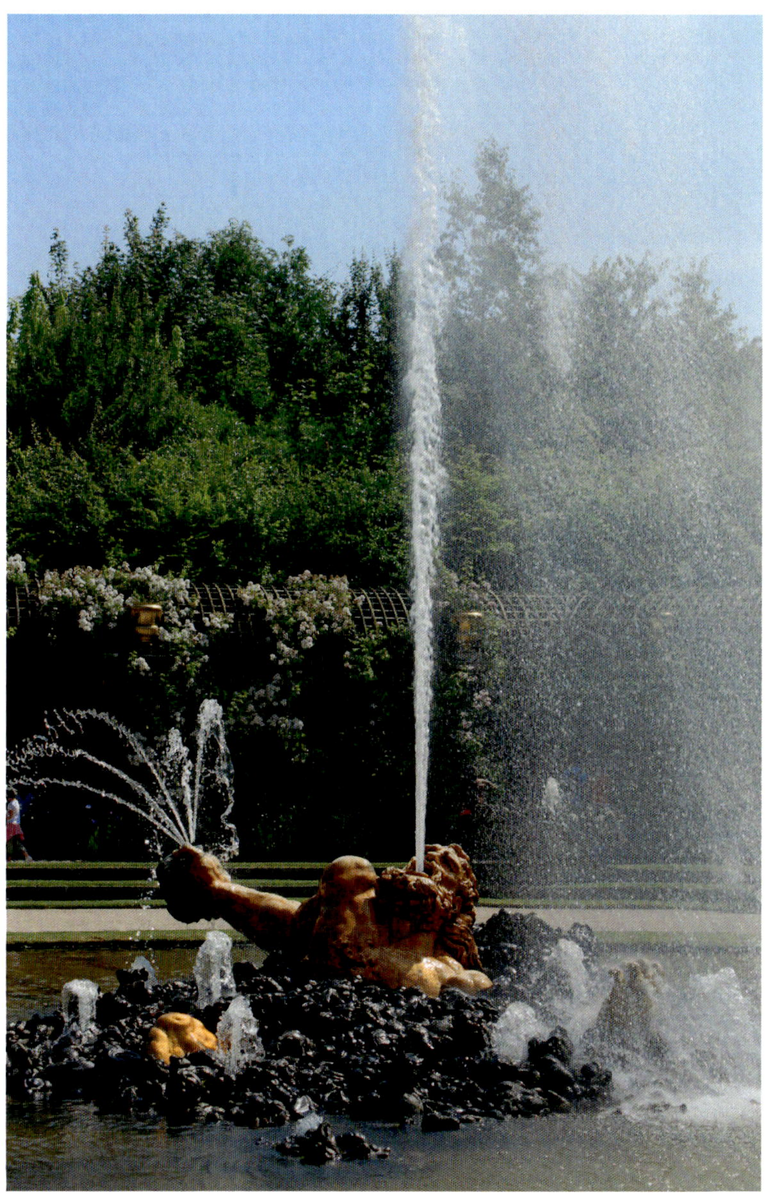

Abb. 25: Gaspard Marsy (nach Entwurf von Charles Lebrun), *Bassin de l'Encelade* in Versailles, 1675.

die aber nicht über einen begrenzten Radius hinausreicht, und daher bei nötiger Distanz mit sublimem Genuss betrachtet werden kann. Rückblickend wird nun deutlich, wie beschränkt Rabelais' Brunnenszenario war, weil es zum einen das Wasser in seiner mimetischen Dimension wieder zurücknahm und zum anderen das Feste und Flüssige nicht vermittelte, mithin die Energien nicht für eine Dynamisierung von Raum und Narration nutzte. Eben darin bestand Lebruns historische Leistung, als er die Affinität zwischen bildender und performativer Kunst an einem Ort forcierte, der auch Ort des Performativen in Schauspiel, Oper und Ballett war.

Was hingegen als die großartigste Steigerung einer gartenräumlichen Inszenierung von Skulptur in einem simulierten Naturambiente erscheinen mag, war in Wirklichkeit der Bruch mit der lebrun'schen

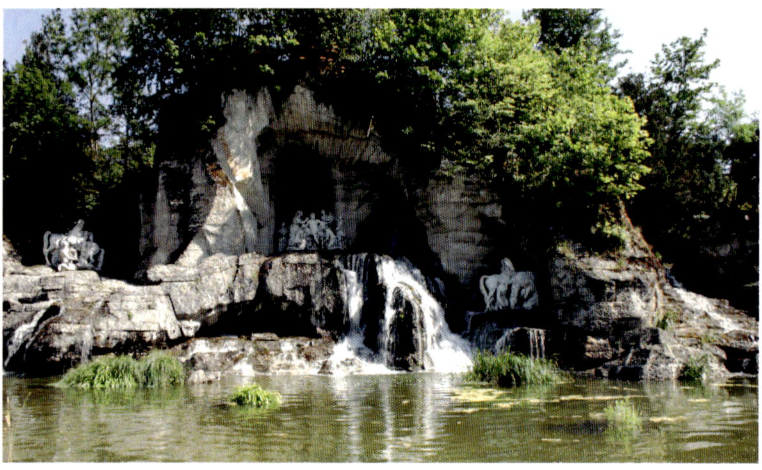

Abb. 26: Hubert Robert, Neuinszenierung des ‚Bosquet du Marais' in Versailles unter Verwendung der Statuen der Thetisgrotte von Versailles (Skulpturen von François Girardon, Thomas Regnaudin, Brüder Marsy, Gilles Guérin, 1666–1676), um 1778.

Einheit szenischer Brunnen. Als am Ende des *Ancien Régime* der für die Versailler Gärten zuständige Maler Hubert Robert gemalte Landschaften in ein räumliches *Environment* rückübersetzte (Abb. 26), formte er einerseits ein höchst lebendiges Ambiente mit Wasserfällen, einem Mischwald mit Lichtung, einem Fischteich mit Wasserpflanzen, das trotz oder wegen seiner Nähe zum Sublimen das Kulissenhafte nicht verleugnen kann und wie ein Vorläufer eines Karl-May-Festspielgeländes anmutet; andererseits ist ein visuelles Verschwinden der stillgestellten Statuen trotz all der ephemeren Materialien ausgeschlossen. Der Medienwechsel in Form des fotografischen Notats als Bedingung, um darüber reden zu können, verbirgt genau diesen Widerspruch, da die Fotografie naturgemäß stillstellt und deshalb das Sublime suggestiver macht als die Versailler Realität.

Solche Szenarien gelingen nur, wenn die Skulpturen beiläufig und teilweise verdeckt in Parks eingefügt werden (Abb. 27) und derart einen Überraschungseffekt *en passant* provozieren, wie ihn die zeitgenössische Gartenkunst-Literatur fordert, wie er freilich auf der anderen Seite auch von Goethe und Schiller als dilettantisch kritisiert wurde,[56] als sie die fast völlige Identität von Bild und Natur nicht als äußerste Steigerung von Kunst im Namen der Mimesis lasen, sondern als genaues Gegenteil: als das Ende von Kunst, gleichsam die Entropie der Mimesis an ihrem höchsten Punkt.

Ein anderes Verhältnis von Skulptur, Natur, Stillstand und Dilettantismus repräsentiert der kunstvolle Pflanzenschnitt der *ars topia-*

[56] Vgl. dazu demnächst Jürgen Wiener, In der Natur versteckt – dissimulative Strategien in der Gartenskulptur, in: *Vergessen – Verschleiern – Verstecken*, hg. v. Achim Landwehr, Düsseldorf 2015.

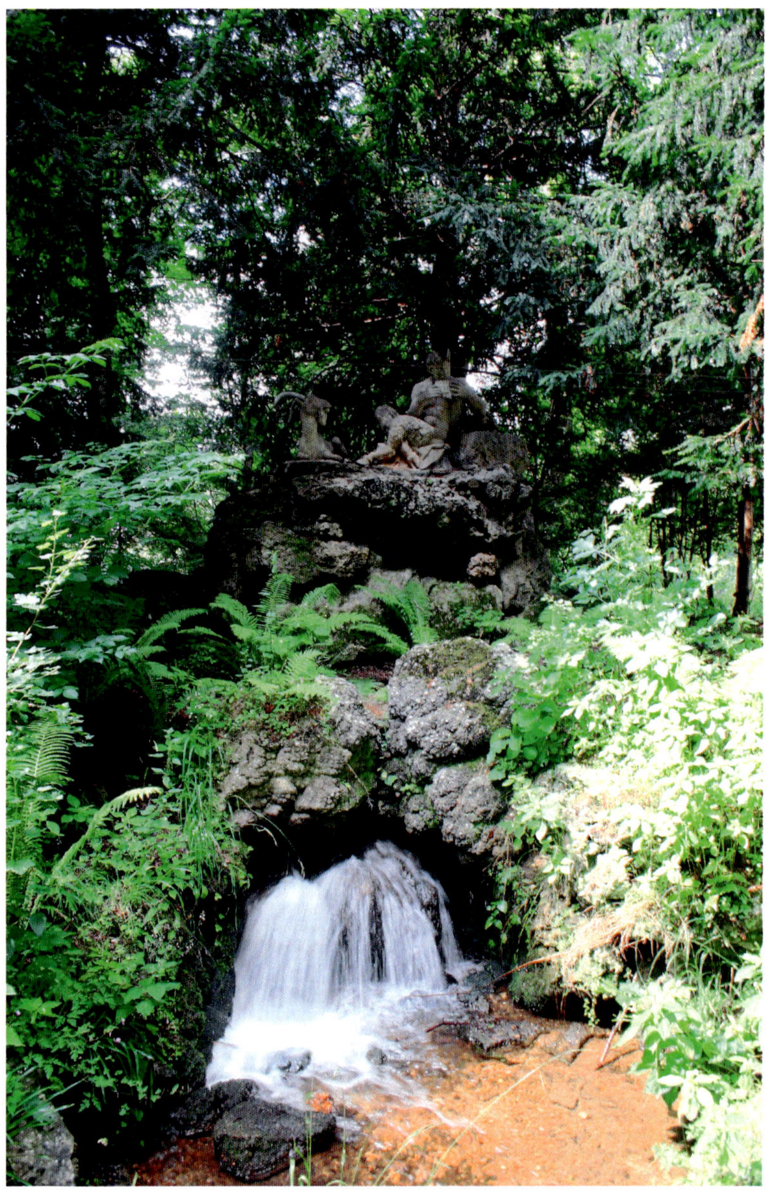

Abb. 27: Peter Simon Lamine, *Pan,* München, Schlosspark von Nymphenburg, 1815.

ria,[57] deren bis zu ihrem Absterben ständig nachwachsende Artefakte oftmals komplett aus einem ephemeren lebenden Material sind, das es permanent zurückzusetzen gilt. Ihr das Genre als mimetische Kunst überhaupt erst legitimierender Witz besteht darin, dass sie zum einen die sowohl im Mythos (Bibel, antike Mythologie) als auch in den aufgeklärten Biowissenschaften grundlegende Unterscheidung zwischen Mensch/Tier und Pflanze konterkariert und zum anderen ein jedem Anspruch auf Ewigkeit von Skulptur spottendes Sisyphusprojekt gegen die Tendenzen zum Amorphen im Lebendigen ist, denen letztlich nicht beizukommen ist. Sie lassen keine Geschichte dieser Gattung zu. *Ars topiaria* zählt zu den am wenigsten beachteten, da sich gängigen Qualitäts- und Diskursbegriffen entziehenden Teilbereichen der Skulptur. Ähnlich wie das Feuerwerk eignet sie sich für grundsätzliche Reflexionen zur Gattung und ihrem Verhältnis zum Schöpferischen, doch bleibt sie ohne historische Anschaulichkeit: Ihrer medial schlecht vermittelbaren Ephemerität und den durch sie bedingten formalen Beschränkungen, die nicht einmal Vitalität, geschweige denn die Eleganz des Flüchtigen zulassen, ist es zuzuschreiben, dass sie als liebenswürdige Handwerkskunst des Gärtners ohne hohen Gestaltungsanspruch gilt. Ihre spezifische Geschwindigkeit enthält *ex negativo* zumindest ein Argument für den Anspruch der *ars* auf *aeternitas*. Wir wollen nicht nur über die Kunst oder das Bild, sondern auch über Bilder und andere Kunstwerke reden können.

---

[57] Margherita Azzi Visentini (Hg.), *Topiaria. Architetture e sculture vegetali nel giardino occidentale dall'antichità a oggi*, Treviso 2004.

Literaturverzeichnis

Primärliteratur

Alberti, Leon Battista, *Das Standbild. Die Malkunst, Grundlagen der Malerei,* hg. v. Oskar Bätschmann, Darmstadt 2000.

Aquin, Thomas, von, *Summa Theologiae* I, q. 65 pr; q. 66 a. 1; q. 69 a. 2; q. 70 a. 1; q. 74 a. 1; q. 74 a. 3.

Baldinucci, Filippo, *Vita del Cavaliere Gio. Lorenzo Bernino,* Florenz 1682, hg. v. Alois Riegel, Wien 1912.

Böckler, Andreas, *Architectura Curiosa Nova,* Nürnberg 1666.

Borboni, Giovanni Andrea, *Delle Statue,* Rom 1661.

Caro, Annibale, Lettera a Monsignor Guidiccione, a Lucca, in: *Fons Sapientiae. Renaissance Garden Fountains,* hg. v. Elisabeth B. MacDougall, Washington 1978, S. 109–111.

Danreiter, Franz Anton, *Die Gärtnerey sowohl in ihrer Theorie oder Betrachtung als Praxi oder Übung,* Augsburg 1731.

Daviler, Augustin Charles, *Auszführliche Anleitung zu der gantzen Civil-Baukunst,* Amsterdam 1699.

Dezallier d'Argenville, Antoine-Joseph, *La Théorie et la Pratique du Jardinage,* Paris 1709.

Elsholtz, Johann Siegmund, *Hortus Berolinensis,* hg. und übers. v. Thomas Fischbacher in Zusammenarb. mit Thomas Fink, Weimar 2010.

Evelyns, John, *Elysium Britannicum,* hg. v. John E. Ingram, Philadelphia 2001.

Furttenbach, Joseph, *Architectura recreationis,* Augsburg 1640.

Hor., carm. III, 30, 1.

Ovid, met. I, 401–410, 416–421 und 424–429, in: *Publius Ovidius Naso,*

Metamorphosen, lateinisch – deutsch, hg. und übers. v. Erich Rösch, München / Zürich [13]1992.

Ovid, met. XV, 253, in: Publius Ovidius Naso, *Metamorphosen, lateinisch – deutsch,* hg. und übers. v. Erich Rösch, München / Zürich 131992.

Ovid, met. XV., 165-186, in: Publius Ovidius Naso, *Metamorphosen, lateinisch – deutsch,* hg. und übers. v. Erich Rösch, München / Zürich 131992.

Perrault, Charles, *Labyrinte de Versailles,* Paris 1677 (21679, Amsterdam 1682).

Plin., nat. 35, 36.

Rabelais, François, *Gargantua und Pantagruel* I, 55.

Tolomei, Claudio, Delle lettere di M. Claudio Tolomei, in: *Fons Sapientiae. Renaissance Garden Fountains,* hg. v. Elisabeth B. MacDougall, Washington 1978, S. 12–14.

Vasari, Giorgio, *Vite de' più eccellenti pittori, scultori, e architettori,* Florenz 1568, capitolo V.

Sekundärliteratur

Adorno, Theodor W., *Ästhetische Theorie,* Frankfurt a. M. 1973.

Böhme, Gernot / Böhme, Hartmut, *Feuer, Wasser, Erde, Luft. Eine Kulturgeschichte der Elemente,* München [2]2010.

Brunon, Hervé, *Pratolino: art des jardins et imaginaire de la nature dans l'Italie de la seconde moitié du XVIe siècle,* Lille 2002 (Microfiche der thèse de doctorat Paris I Panthéon-Sorbonne 2001).

Coffin, David R., *The Villa d'Este at Tivoli,* Princeton 1960.

Deonna, Waldemar, Fontaines antropomorphes. La femme aux seins jaillissants et l'enfant „mingens", in: *Genava* 6 (1958), S. 239–296.

Desnoyers, Gérard, *La Villa d'Este à Tivoli ou le songe d'Hippolyte. Un rêve d'immortalité héliaque,* Paris 2002.

Harzer, Friedmann, *Erzählte Verwandlung. Eine Poetik epischer Metamorphosen (Ovid – Kafka – Ransmayr),* Tübingen 2000.

Heinrich-Heine-Universität, Wir stammen von Steinen ab – oder: Woher nahm das erste Leben die Energie?, in: *Magazin der Heinrich-Heine-Universität Düsseldorf* 1 (2013), S. 48.

Kruse, Christiane, Parer viva oder die Kunst der (dis)simulazione im Barock. Zu Gianlorenzo Berninis Apoll und Daphne in der Galleria Borghese, in: *Skulptur – zwischen Realität und Virtualität,* hg. v. Gundolf Winter, Jens Schröter u. Christian Spies, München 2006, S. 155–178.

Lamb, Carl, *Die Villa d'Este in Tivoli. Ein Beitrag zur Geschichte der Gartenkunst,* München 1966.

Lane, Nick / Martin, William F., The origin of membrane bioenergetics, in: *Cell* 151 (2012), S. 1406–1416.

Lazzaro, Claudia, From the rain to the Wash Water in the Medici Gardens at Pratolino, in: *Renaissance Studies in Honor of Craig Hugh Smyth,* Bd. 2, Florenz 1985, S. 317–324.

MacDougall, Elisabeth B., *Fons Sapientiae. Renaissance Garden Fountains,* Washington 1978.

MacDougall, Elisabeth B., The Sleeping Nymph. Origins of a Humanist Fountain Type, in: *The Art Bulletin* 57 (1975), S. 357–365.

Nagler, Alois M., *Theatre festivals of the Medici 1539–1637,* New Haven / London 1964.

Occhipinti, Carmelo, *Giardino delle Esperidi. Le tradizioni del mito e la storia di Villa D'Este a Tivoli,* Rom 2009.

Reuter, Guido, *Statue und Zeitlichkeit 1400–1800,* Petersberg 2012.

Riedel, Friedrich Justus, *Theorie der Schönen Künste und Wissenschaften,* Wien/ Jena 1774.

Schreurs, Anna, „Herkules verachtet die einstigen Gärten der Hesperiden im Vergleich mit Tibur". Die Villa d'Este in Tivoli und die „memoria dell'antico", in: *Architektur und Erinnerung,* hg. v. Wolfram Martini, Göttingen 2000, S. 105–127.

Schweizer, Stefan, *Die Erfindung der Gartenkunst. Gattungsautonomie – Diskursgeschichte – Kunstwerkanspruch,* München 2013.

Speyer, Wolfgang, Spuren der ‚Genesis' in Ovids Metamorphosen?, in: *Frühes Christentum im antiken Strahlungsfeld.* Ausgewählte Aufsätze I, hg. v. ders., Tübingen 1989, S. 431–439.

Uerscheln, Gabriele / Schneider, Verena / Schweizer, Stefan (Hg.), *Salomon de Caus und die Automatenkunst in den Gärten um 1600,* Düsseldorf 2008.

Visentini, Margherita Azzi, *Arte dei giardini. Scritti teorici e pratici dal XIV al XIX secolo,* Bd. 2, Mailand 1999.

Visentini, Margherita Azzi (Hg.), *Topiaria. Architetture e sculture vegetali nel giardino occidentale dall'antichità a oggi,* Treviso 2004.

Weber, Gerold, *Brunnen und Wasserkünste in Frankreich im Zeitalter von Louis XIV. Mit einem typengeschichtlichen Überblick über die französischen Brunnen ab 1500,* Worms 1985.

Wiener, Jürgen, In der Natur versteckt – dissimulative Strategien in der Gartenskulptur, in: *Vergessen – Verschleiern – Verstecken,* hg. v. Achim Landwehr, Düsseldorf 2015.

Wiener, Jürgen, Metamorphose Mimesis Material. Schöpfungsmythen bei Ovid und Vergil und die Grotta Grande des Boboligartens in Florenz, in:

Schöpfung in Mittelalter und Renaissance, hg. v. Wilhelm Busse, Düsseldorf 2013, S. 117–158.

Wiener, Jürgen, Natur als Skulpturenrahmen, Skulptur als Naturrahmen, Rahmen als Naturskulptur: Rahmenphänomene in der Gartenplastik und das Labyrinth von Versailles, in: *Rahmen. Zwischen Innen und Außen,* hg. v. Hans Körner u. Karl Möseneder, Berlin 2010, S. 131-168.

Wiener, Jürgen, Orte und Aufgaben, Typen und Themen der Gartenskulptur im Alten Reich und ihre Auswirkungen bis heute, in: *Gartenkunst in Deutschland von der Frühen Neuzeit bis zur Gegenwart,* hg. v. Stefan Schweizer u. Sascha Winter, Regensburg 2012, S. 275–306.

Wiener, Jürgen, „Trouvées plus propres pour servir d'ornement à des fontaines" – Themen der frühneuzeitlichen Gartenskulptur, in: *Monumente im Garten – der Garten als Monument,* hg. v. Staatliche Schlösser und Gärten Baden-Württemberg, Stuttgart 2012, S. 33–49.

Wortelkamp, Isa, *Sehen mit dem Stift in der Hand. Die Aufführung im Schriftzug der Aufzeichnung,* Freiburg i. Br. 2006.

Zangheri, Luigi, *Pratolino. Il giardino delle meraviglie,* Florenz [2]1987.

Abbildungsnachweis

Abb. 1, 6–9, 11–15, 17–19, 22:	Mediathek des Seminar für Kunstgeschichte der Heinrich-Heine-Universität.
Abb. 2a/b, 3a/b, 4a/b, 5, 10, 16, 20, 21, 23–27:	Verfasser.

Körnung, Kratzer und Retusche – zur Materialisierung des Ephemeren am Beispiel der Tanzfotografie der Valerie Kratina von Hugo Erfurth

Isa Wortelkamp

In den weiß behandschuhten Händen ein Bild von Bewegung (Abb. 1). Umrahmt von einem braunen, von Flecken und Kerbungen versehenen Papier, ist auf schwarzem Karton eine Fotografie aufgezogen, die vor hellem Hintergrund den Sprung einer Tänzerin zeigt. Prägestempel auf der Fotografie und dem Papier verweisen auf den Namen des Fotografen, das Datum und den Ort des Abzugs. Auf dem unteren Rand des braunen Papiers steht mit Bleistift der Name Valerie Kratina geschrieben.

Der Körper der Tänzerin ist in Landung begriffen, die Arme sind weit geöffnet, das linke Bein nach hinten erhoben, während der rechte Fuß beinahe den Boden berührt. Ihr Blick folgt der Bewegung. Die Augenlider sind gesenkt, als fixierten sie den Punkt der Berührung des Bodens und damit das kommende Ende der Bewegung. Dieses kommende Ende ist wiederum in und durch die Fotografie fixiert, als eine im Bild an- und festgehaltene Bewegung. Bild und Bewegung verschränken sich in der Fotografie und vermitteln auf diese Weise den anhaltenden Eindruck eines angehaltenen Sprungs.[1]

[1] Vgl. zur Figur des Sprungs: Gabriele Brandstetter, Anhaltende Bewegung. Nijinskys Sprung als Figur der Undarstellbarkeit, in: *Hofmannsthal-Jahrbuch. Zur Europäischen Moderne* 9 (2001), S. 163–192.

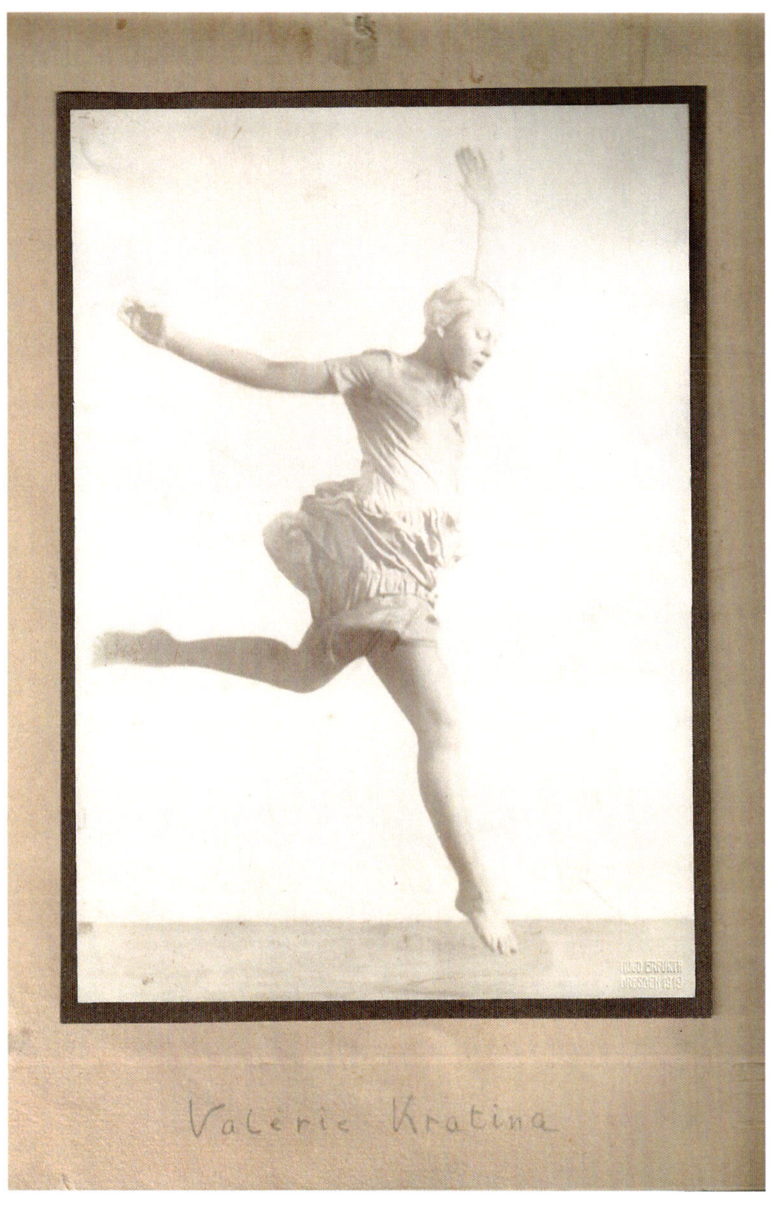

Abb. 1: Valerie Kratina, Fotografie von Hugo Erfurth, 1919.

Dabei handelt es sich beim Sprung um eine Bewegung, die als Sinnbild für die Einmaligkeit und Flüchtigkeit des Tanzes gelten kann: Der Sprung ‚vergeht im Flug' und treibt so die ephemere und transitorische Eigenschaft des Tanzes auf die Spitze. Der Höhepunkt der Sprungbewegung ist der, in dem der Körper für einen Augenblick still zu stehen scheint – kurz bevor er, der Schwerkraft folgend, sich dem Boden nähert. Indem die Fotografie der Valerie Kratina nicht den Höhe- sondern den nahenden Endpunkt des Sprungs festhält, tritt das Vergehen der Bewegung in den Vordergrund der Wahrnehmung. Es kommt zu einer paradoxen Gegenwart des Vergehens, die in der Fotografie auf vielfältige Weise in Szene gesetzt ist: Neben dem Zeitpunkt der Aufnahme – kurz vor der Landung – geschieht dies durch den räumlichen Ausschnitt, der zusätzlich den Endpunkt der Bewegung betont. Dieser ist tänzerisch und fotografisch im letzten Drittel des Bildraums anvisiert, während sich der Ort des Absprungs außerhalb befindet. Nicht die Herkunft der Bewegung, sondern ihre Zukunft – die kommende Landung – ist damit zeitlich und räumlich betont. Zwar ist die Bewegungsrichtung von links nach rechts in den Bildraum klar erkennbar, jedoch wirkt der Körper durch die Zentrierung des Schwerpunkts in der Bildmitte und durch die Verankerung der Fußspitze innerhalb des dunkel abgesetzten Bodens wie in der Landung fixiert. Valerie Kratina scheint im Bild und in der Bewegung angehalten. Ihr Ende ist in alle Ewigkeit aufgehoben. Die paradoxe Gegenwart des Vergehens wird zusätzlich durch die Lichtgestaltung hervorgehoben. Die Tänzerin springt dem Lichteinfall entgegen, wodurch ihr Profil an Schärfe verliert, sich gleichsam zur Bewegung hin auflöst. Auch die Peripherie des Körpers verblasst, die Kontur des Armes, die Fläche der nach oben weisenden Hand, die Finger- und Zehenspitzen der nach hinten ausgreifenden Gliedmaßen verlieren sich in der hellen Fläche des fotografischen Bildes. Scharf konturiert ist dagegen das Zentrum des Körpers, das zugleich das Zentrum der Fotografie bildet und in dem sich die Bewegung in den Falten ihres Kleides konzentriert. Der Bereich unterhalb des Rockes verstärkt durch die Dunkelheit den Eindruck der im Bild und als Bild fixierten Bewegung. Die Lichtgestaltung der Beine divergiert zwischen dem nach hinten weisenden und dem nach vorne strebenden Bein und betont so die Zeit- und Endlichkeit der Bewegung. Das hintere, im Flug begriffene Bein liegt grau im Schatten und fügt sich nahezu flächig in die Bildebene ein. Zu den Fußspitzen hin ist die Fläche so weit aufgehellt, dass der Umriss der Zehen sich beinahe vollständig vor dem Hintergrund auflöst. Das vordere, in Landung begriffene Bein hingegen ist plastisch konturiert und lässt den Körper klar als solchen hervortreten. Knie, Knöchel und Fuß sind gut zu erkennen. Durch die Einebnung in die fotografische Oberfläche scheint das hintere Bein in der Vergangenheit der Bewegung verhaftet, während das in Landung begriffene Bein schon in die Zukunft weist. Im Blick auf die Fotografie der im Sprung begriffenen Tänzerin sehe ich etwas, das passieren wird, das bereits passiert ist: Der Fuß der Valerie Kratina wird den Boden berührt haben. Der Sprung wird gewesen sein.

Die zeitliche Verschränkung von Bild und Bewegung, die sich in der Fotografie der Valerie Kratina von Hugo Erfurth vermittelt, findet sich in den Abhandlungen von Roland Barthes in *Die Helle Kammer. Bemerkung zur Photographie* mit dem Begriff des *Noema* beschrieben. Wenngleich es Barthes weniger um die (Kunst-)Fotografie von Bewegung geht, so beschreibt das *Noema* doch eine spezifische Zeitlichkeit von Fotografie, die sich auf die paradoxe Gegenwart des Vergehens, wie sie vor allem in der historischen Tanzfotografie zu finden ist, beziehen ließe. Als ein anderes, neues *punctum,*[2] das im ersten Teil noch auf den Modus der Wahrnehmung bezogen ist, gilt das *Noema* im zweiten Teil des Buches vor allem den formalen und inhaltlichen Eigenschaften der Fotografie hinsichtlich ihrer Zeitlichkeit: „Dieses neue *punctum*, nicht mehr eines der Form, sondern der Dichte, ist die ZEIT, ist die erschütternde Emphase des Noemas *(‚Es-ist-so-gewesen'),* seine reine Abbildung".[3]

Unter die Fotografie des 1865 zum Tode verurteilten Lewis Paynes von Alexander Gardner schreibt Barthes: „Er ist tot und er wird sterben."[4] Das Zusammensehen von Vergangenheit und Zukunft zeigt sich in der Gegenwart der Fotografie: „Das [neue] *punctum* aber ist dies: er wird sterben. Ich lese gleichzeitig: *das wird sein und das ist gewesen;* mit Schrecken gewahre ich eine vollendete Zukunft, deren Ein-

[2] Vgl. Roland Barthes, *Die helle Kammer. Bemerkung zur Photographie,* Frankfurt 1989, S. 35f., zum Begriff des *punctum*: „Das zweite Element durchbricht (oder skandiert) das *studium.* Diesmal bin nicht ich es, der es aufsucht (wohingegen ich das Feld des *studium* mit meinem souveränen Bewußtsein ausstatte), sondern das Element selbst schießt wie ein Pfeil aus seinem Zusammenhang hervor, um mich zu durchbohren. Ein Wort gibt es im Lateinischen, um diese Verletzung, diesen Stich, dieses Mal zu bezeichnen, das ein spitzes Instrument hinterlässt; dieses Wort entspricht meiner Vorstellung um so besser, als es auch die Idee der Punktierung reflektiert und die Photographien, von denen ich hier spreche, in der Tat wie punktiert, manchmal geradezu übersät von diesen empfindlichen Stellen; und genaugenommen sind die Male, diese Verletzungen Punkte. Dies zweite Element, welches das *studium* aus dem Gleichgewicht bringt, möchte ich daher *punctum* nennen, denn *punctum* meint auch: Stich, kleines Loch, kleiner Fleck, kleiner Schnitt – und: Wurf der Würfel. Das *punctum* einer Photographie, das ist jenes Zufällige an ihr, das *mich besticht* (mich aber auch verwundet, trifft)."

[3] Barthes, Kammer (wie Anm. 2), S. 105.

[4] Ebd., S. 107.

satz der Tod ist."[5] ,Über den Tod hinaus' wird das *Noema* für Barthes zu einem weiteren Wesenskern der Fotografie: „Es-ist-so-gewesen."[6] Während diese Beobachtung in *Die Helle Kammer* jedoch mit dem Blick auf die Fotografie des zum Tod geweihten oder auf das Kinderfoto seiner bereits verstorbenen Mutter fast ausschließlich auf mehr oder weniger still stehende Körper begrenzt ist, handelt es sich bei der Tanzfotografie meist um bewegte Körper, in dem Sinne, dass sie in Bewegung aufgenommen wurden. Das *Noema* wäre demnach mit Blick auf die Fotografie des Tanzes zu modifizieren: Was wir hier sehen, ist nie so gewesen. Denn was wir sehen, liegt unterhalb der Schwelle unserer Wahrnehmung. Die Belichtungszeit der Fotografie des Sprungs liegt etwa bei einer fünfzigstel Sekunde (1/50). Über die rein physiologische Prämisse der menschlichen Wahrnehmung hinaus ist die Fotografie der Valerie Kratina, wie die meisten Fotografien der Zeit, zudem in einer Situation entstanden, die im Studio des Fotografen außerhalb jeder Wahrnehmung durch die Hand des Fotografen und dessen technischer Apparatur konstruiert wurde. Ein Sprung vor und für die Kamera. Eine Bewegung für das Bild. So gesehen wird durch die Fotografie des Tanzes etwas sichtbar, was für unser Auge stets unsichtbar bleibt. Anders als unsere Wahrnehmung vermag die Fotografie die Bewegung eines Körpers zu fixieren. Dort, wo Bewegung zum Bild wird, ist sie jedoch nicht mehr als und in Bewegung wahrnehmbar. Unaufhörlich im Werden und im Vergehen begriffen, zeigt sich die Bewegung des Tanzes im steten Übergang und im Wechsel von Positionen, Aktionen

---

[5] Ebd., S. 106.

[6] Ebd., S. 105.

und Prozessen. Ihr komplexes und ephemeres Geschehen macht es unmöglich eine Bewegung zu sehen. Vielmehr verweist Tanz darauf, dass es diese eine Bewegung nicht gibt, sondern dass sie sich stets in einer anderen, einer nächsten Bewegung bzw. auf dem Weg vergegenwärtigt. Im Bild und als Bild wird diese Bewegung auf dem Weg angehalten. Als stünde die Zeit still, zeitigt sich in der Fotografie Bewegung als fixierter Moment. Als solcher erscheint die Materialität der Fotografie der immateriellen Qualität des Tanzes entgegengesetzt. Hinterlässt der Tanz per se keine Spuren außerhalb unserer Erinnerung, außerhalb einer nachträglich festgehaltenen Aufzeichnung, so geschieht mit der Fotografie des Tanzes stets auch eine Übertragung von Bewegung ins Bild. Es vollzieht sich eine Materialisierung des Ephemeren, die zugleich eine Transformation des bewegten körperlichen Prozesses in den materiellen Träger des fotografischen Mediums impliziert.

An dieser stillen Stelle scheint die Fotografie weit vom Tanz entfernt, ihr Bild ohne Bewegung. Und doch ist genau in jener medialen Differenz das Faszinosum begründet, das meines Erachtens vor allem von historischen Tanzfotografien ausgeht. Der Sprung der Valerie Kratina von Hugo Erfurth zählt zu den Anfängen des Genres, die um die Jahrhundertwende zu finden sind. Erfurth ist einer der ersten und wohl bekanntesten Fotografen, die sich dem Sujet des Tanzes widmen. Von 1908 an fotografiert er Vertreterinnen des freien Tanzes wie Charlotte Bara, Clotilde van Derp, Gertud und Ursula Falke, Gret Palucca, Ellen Petz, die Wiesenthals, Sent M'ahesa – und Valerie Kratina. Dabei gelingt es ihm, anders als vielen seiner Zeitgenossen, Bewegung im Vollzug aufzunehmen – was unter den technischen Bedingungen der

Zeit eine besondere Herausforderung darstellt. Während sein Kollege Hanns Holdt in seinen Fotografien des Tanzes den gehaltenen Moment bevorzugt, in dem der Körper „in ruhiger Pose verweilt"[7], sucht Erfurth Sprünge, Drehungen und prekäre Momente der Balance.

Mit seinem Interesse am flüchtigen Augenblick ist Hugo Erfurth in einem kulturellen Kontext situiert, in dem die Bewegung im Zuge des Aufschwungs des modernen Tanzes gegenüber dem Bild bevorzugt erscheint. Während in der Portraitfotografie des Schauspielers die Inszenierung der Pose dominiert, tritt mit der tanzästhetischen und fototechnischen Entwicklung die Bewegung in den Fokus. Die ephemere und transitorische Kunst des Tanzes konfrontiert die Fotografie jedoch zugleich mit ihren fixierenden und reproduzierenden Eigenschaften. Dabei scheint gerade die Differenz beider Medien ein Verständnis von Fotografie als Bild zu begründen, in der die Bewegung zum gestaltenden Prinzip wird. In Anlehnung an die künstlerischen Darstellungsprinzipien der Malerei des Naturalismus und des Impressionismus prägt innerhalb der sogenannten Kunstfotografie um 1900 die Wahrnehmung das Bild von Bewegung. Damit wird Fotografie in ihrer Funktion als Abbild der Wirklichkeit relativiert und tritt in ihrer eigenen künstlerischen Darstellung als Bild der Wahrnehmung in den Vordergrund. Dies wirft auch Fragen an einen wissenschaftlichen Umgang mit dem fotografischen Dokument des Tanzes auf – einen Umgang, der gemeinhin weniger auf die Materialität der Fotografie, als vielmehr auf ihren Stellenwert als historisches Material gerichtet ist.

7 Hanns Holdt, Betrachtungen über Bühnen- und Tanzaufnahmen, in: *Deutscher Kamera-Almanach. Ein Jahrbuch für die Fotografie unserer Zeit,* Bd. 11, Berlin 1920, S. 45–50, hier S. 48.

In der tanzhistorischen Forschung bildet die frühe Tanzfotografie eine wesentliche Grundlage zur Untersuchung der vielfältigen kulturellen Erscheinungsformen der flüchtigen Bewegungskunst. Neben Stichen und Gemälden dient sie der Tanzgeschichtsschreibung als ikonografische Quelle zur Rekonstruktion und Archivierung ihres Gegenstandes. Dabei wird das fotografische Bild mit dem Verweis auf den referentiellen Bezug zur Wirklichkeit des Tanzes für die Betrachtung von Bewegungen des Körpers herangezogen und dient neben Notationen zur Analyse motorischer Prozesse und choreografischer Prinzipien.[8] Anders als der etwa zeitgleich aufkommende Film, der als bewegtes Medium für die ‚Wiedergabe' des Tanzes prädestiniert erscheint, lässt gerade das unbewegte Medium der Fotografie die für eine wissenschaftliche Bewegungsanalyse als notwendig erachtete Sistierung und Fixierung des ‚Objektes' zu. Dabei geht mit der Diskussion um den Stellenwert von Tanzfotografie für die Geschichtsschreibung jedoch stets auch eine Problematisierung der medialen Differenz einher – wobei gerade die materielle Eigenschaft der Fotografie dem ephemeren Charakter des Tanzes entgegengesetzt wird. Dies lässt sich bereits den ersten Veröffentlichungen von Tanzfotografien in Zeitungsrezensionen, Fachaufsätzen und Monografien entnehmen. Zu Beginn des 20. Jahrhunderts schreibt Hans Brandenburg in seiner Tanzschrift *Der moderne Tanz:*

> Mit Journalismus ist dem modernen Tanz gegenüber genau so wenig getan wie mit Photographien. Auf letztere lege ich keinen Wert, sie können höchstens Geschmack, Stil, Menschentum und allgemeines Niveau der Tänzerinnen andeu-

[8] Vgl. hierzu Ann Hutchinson Guest / Claudia Jeschke, *Nijinsky's Faune restored. A Study of Vaslav Nijinsky's 1915 Dance Score L'Après-midi d'un Faune,* Philadelphia 1991; Claudia Jeschke, *Tanz als Bewegungstext. Analysen zum Verhältnis Tanztheater und Gesellschaftstanz,* Tübingen 1999.

> ten, nicht aber den Tanz, dessen Wesen ausschließlich in der Bewegung besteht und darum von der Zeitlichkeit (wie auch von der dreidimensionalen Räumlichkeit) untrennbar ist.[9]

Der Aussage von Hans Brandenburg folgend, lässt sich das zeitliche und räumliche Ereignis des Tanzes im Bild nicht festhalten. In der zweidimensionalen Ebene der Fotografie ist demnach nur die Oberfläche, nicht aber das ‚Wesen des Tanzes' – körperliche Bewegung durch Zeit und Raum – haltbar. Die Darstellung des Tanzes ist folglich durch die technischen Bedingungen und Eigenschaften des fotografischen Mediums – dem Apparat und dem Foto als Bildträger – beeinträchtigt. Bemerkenswert ist, dass die Publikation Brandenburgs die zu der Zeit größte Auswahl von Tanzfotografien enthält und einen wichtigen Bezugspunkt für die Tanzgeschichte bildet.[10] Der Zweifel gegenüber dem Medium lässt sich jedoch auch in vergleichbaren Einschätzungen der frühen Tanzforschung wie von Oscar Bie, Georg Fuchs (1906), Ernst Schur (1909) oder Frank Thiess (1920) wiederfinden. Fotografie wird dabei auf ihre Funktion als Abbild der Wirklichkeit reduziert, das die Wirklichkeit der Bewegung in ihrer zeitlichen und räumlichen Eigenschaft zwangsläufig verfehlen muss.

Die wirklichkeitsgetreue Darstellung eines aussagekräftigen Bewegungsmomentes wird zu einem grundlegenden Kriterium in der Rezeption der Tanzfotografie und liegt verschiedenen Ansätzen der Tanzgeschichtsschreibung auch jüngeren Datums zugrunde.[11] Auffal-

---

[9] Hans Brandenburg, *Der moderne Tanz,* München ³1921, S. 4f.

[10] Vgl. Hans Brandenburg, *Der moderne Tanz,* München 1912/13 75 Fotos, München ²1917 mit 126 Fotos, München ³1921 mit 123 Fotos.

[11] Vgl. June Layson, Dance History Source Materials, in: *Dance History. An Introduction,* hg. v. Janet Adshead-Landsale u. June Layson, London 1983, S. 18–31.

lend dabei ist, dass die Verwendung von Tanzfotografien zur Veranschaulichung choreografischer Charakteristika und Bewegungsqualitäten in tanzhistorischen und -theoretischen Schriften meist ohne einen Verweis auf den Autor und den Status der Bildquelle sowie ihre historiografisch-methodischen Implikationen auskommt und oftmals eher illustrativen Zwecken dient. Erläuterungen zur historiografischen Arbeit mit Tanzfotografie verweisen einschränkend auf den Entstehungsprozess mit seinen wahrnehmungs- und medientechnischen Bedingungen mit dem Argument, dass sie weniger den Gegenstand als das Interesse des Fotografen wiedergeben. Dabei werden gerade die ästhetischen und inszenatorischen Strategien der Fotografie als Mangel des dokumentarischen und analytischen Wertes thematisiert und problematisiert. Blickführung, Einstellung und Ausschnitt beeinträchtigen demnach das Abbild des Tanzes, verfehlen den ‚richtigen' und ‚treffenden' Augenblick seiner Bewegung. Weniger die Unmöglichkeit der Darstellung einer Bewegungsdauer als vielmehr die Festlegung von Bewegung auf einen bestimmten Moment steht hier als Problem im Vordergrund.

Indem Tanzfotografien primär als Material der Forschung herangezogen werden, tritt auch ihre Materialität in den Hintergrund – wird wie das Glas beim Blick durch ein Fenster unsichtbar. Wichtiger als die Materialität des fotografischen Bildes ist das, was es materialiter abbildet – was durch ‚sein Fenster' sichtbar wird. Und tatsächlich liegt hier eine Besonderheit des fotografischen Mediums, die Barthes im Blick auf den Referenten wie folgt beschreibt:

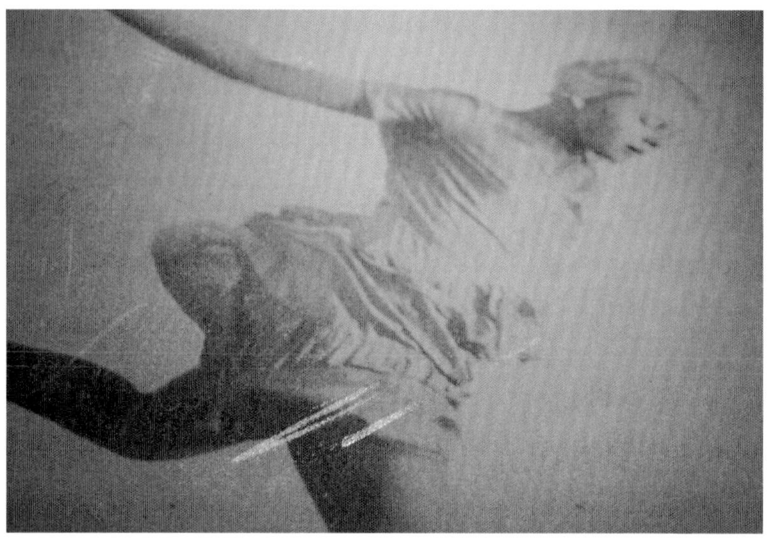

Abb. 2/3: Ausschnitte: Valerie Kratina, Fotografie von Hugo Erfurth, 1919.

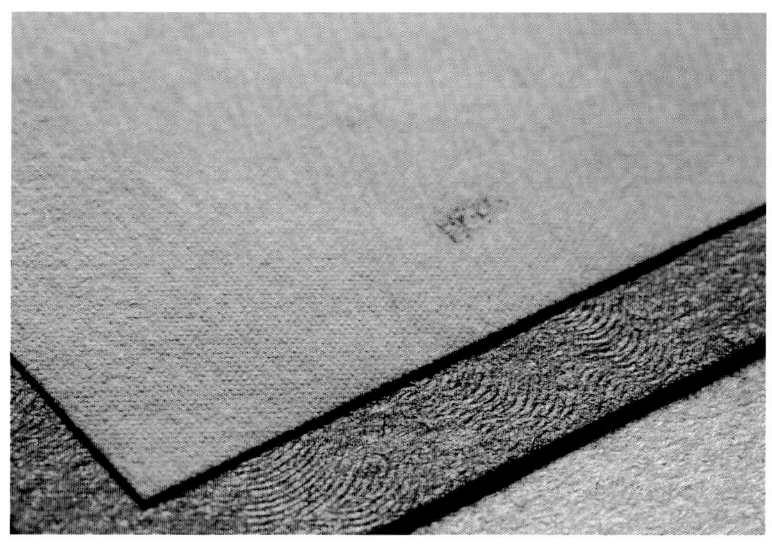

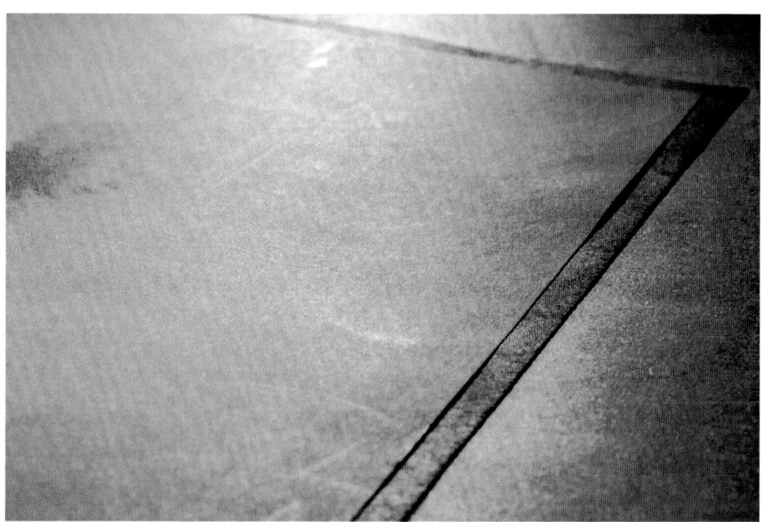

Abb. 4/5: Ausschnitte: Valerie Kratina, Fotografie von Hugo Erfurth, 1919.

> Tatsächlich läßt sich eine bestimmte Photographie nie von ihrem Bezugsobjekt (*Referenten;* von dem, was sie darstellt) unterscheiden, wenigstens nicht auf der Stelle und nicht für jedermann (was bei jedem beliebigen anderen Bild möglich ist, da es von vornherein und per se durch die Art und Weise belastet ist, in der der Gegenstand simuliert wird): den photographischen Signifikanten auszumachen ist nicht unmöglich (Fachleute tun es), aber es erfordert einen sekundären Akt [...] der Reflexion. [...] Die PHOTOGRAPHIE gehört zu jener Klasse von geschichteten Objekten, von denen man auch nicht zwei Blätter abtrennen kann, ohne sie zu zerstören: die Fensterscheibe und die Landschaft, und warum auch nicht: das GUTE und das BÖSE, der Wunsch und sein Objekt: Dualismen, die faßbar, doch nicht wahrnehmbar sind (ich wußte noch nicht, daß in diesem Eigensinn des REFERENTEN, immer da zu sein, das Wesentliche enthalten war, nach dem ich forschte.)[12]

Der Blick durch die Fensterscheibe, den Barthes hier zur Beschreibung der unauflösbaren Verbindung von Fotografie und Referenten heranzieht, ist fototheoretisch auf jene historischen Konzepte zurückzuführen, nach denen Fotografie in erster Linie als chemisch-physikalischer Effekt eines materiellen Prozesses, der von der Präsenz des abgebildeten Gegenstandes ausgeht, betrachtet wird.[13] Vor diesem Hintergrund definiert bereits Charles Sanders Peirce in seiner 1893 erschienenen Abhandlung *Die Kunst des Räsonierens*[14] – wenngleich Fotografie ihm nur als Beispiel seiner Zeichentheorie dient – die Fotografie als indexikalisches Zeichen. Ihre Ähnlichkeit sei „davon abhängig, daß Photographien unter Bedingungen entstehen, die sie physisch dazu zwingen, Punkt für Punkt dem Original zu entsprechen. In dieser Hinsicht gehören sie also zur zweiten Zeichenklasse, die Zeichen aufgrund ihrer

[12] Barthes, Kammer (wie Anm. 2), S. 13f.

[13] Vgl. hierzu Peter Geimer, *Theorien der Fotografie,* Hamburg ³2011, S. 22f.

[14] Charles Sanders Peirce, Die Kunst des Räsonierens, in: ders., *Semiotische Schriften,* Bd. 1, hg. und übers. v. Christian Kloesel u Helmut Pape, Frankfurt a. M. 1986, S. 191–201.

physischen Verbindung sind."[15] Diese Zeichen zählen zu den Indikatoren (Indizes). Sie „halten uns fest mit den Realitäten verbunden."[16]

Die indexikalische Eigenschaft der Fotografie ist primär in den materiellen Bedingungen ihrer Produktion begründet. Dem Verständnis, nach dem das Wesen von Fotografie nicht bzw. nicht ausschließlich in den formalen oder ästhetischen Eigenschaften der durch sie hervorgebrachten Bilder, sondern im Prozess der Herstellung selbst zu suchen ist, folgen, wie Peter Geimer in seinen Studien zur Fototheorie hervorhebt, auch spätere theoretische Ansätze wie die von Rosalinde Krauss, Roland Barthes, Susan Sontag oder Philippe Dubois.[17] In der Betrachtung von Fotografie als Index werden die für den Produktionsprozess relevanten Übertragungen wie soziale Gebrauchsweisen, Konventionen etc. nicht weiter berücksichtigt. Auch sind in der indexikalischen Lesart von Fotografie der Grad der Ähnlichkeit mit dem Abgebildeten, die ästhetische Qualität und weitere qualitative Dimensionen, wie die der spezifischen Materialität einer Fotografie, ausgeklammert. Unberücksichtigt bleiben auch die zeitlichen Differenzen innerhalb des fotografischen Prozesses, die sich auf das Verhältnis von Fotografie und Fotografiertem – oder mit Blick auf den Referenten – von Zeichen und Bezeichnetem auswirken und als Voraussetzung für jene paradoxe Gegenwart des Vergehens gelten können, die eingangs als wesentlich für die Wahrnehmung der Fotografie der Valerie Kratina beschrieben wurde. Dabei lassen sich die zeitlichen Differenzen hier in mehreren Ebenen beschreiben: 1) in dem Moment der Aufnahme

[15] Peirce, Die Kunst (wie Anm. 14), S. 193.

[16] Ebd., S. 201.

[17] Vgl. Geimer, Theorien (wie Anm. 13), S. 23.

selbst, in dem sich die Fotografie von dem Fotografierten gleichsam ‚ablöst'; 2) in den Prozessen der Entwicklung und Bearbeitung des fotografischen Bildes nach der Aufnahme; 3) in der – mit zunehmender Distanz zum Zeitpunkt der Fotografie sich vergrößernden – Nachträglichkeit der Betrachtung dieser Aufnahme.

Als Spuren der Gestaltung, der Handhabung und der Wahrnehmung prägen die zeitlichen Differenzen die Fotografie Hugo Erfurths der Tänzerin Valerie Kratina. Körnung, Kratzer und Retusche verweisen auf die spezifische Materialität der Tanzfotografie, die sie nicht nur als Abbild von Bewegung, sondern als Bild der Wahrnehmung bewusst werden lassen. Die Beschaffenheit des Bildträgers, die Struktur des Papiers und die sichtbaren Spuren der Zeit sowie die der nachträglichen Bearbeitung durch den Fotografen verweisen auf die Vergangenheit des Bildes und auch auf die Wahrnehmung der Bewegung. Die vom Vergehen gezeichnete Gegenwart des Bildes legt sich wie eine halbtransparente Textur auf die Gegenwart des Sprungs. Noch einmal fällt mein Blick auf die Fotografie der Valerie Kratina. Diesmal fokussiert er die Fotografie als *Fotografie* – gleichsam das Glas des Fensters. Die abgebildeten Ansichten (Abb. 2–7) zeigen nicht nur die jeweiligen Ausprägungen der materiellen Spuren der Zeit, sondern auch die Perspektivierung, die eine solche Betrachtung („der sekundäre Akt [...] der Reflexion"[18]) impliziert. Das Glas des Fensters zu sehen erfordert eine gesonderte Einstellung des Blicks, ein Abtasten der Fläche, eine Einsicht in das Gewebe des Bildes. Sichtbar wird die Körnung der Fotografie, durch die der Träger des Bildes anwesend wird: das licht-

[18] Barthes, Kammer (wie Anm. 2), S. 13f.

empfindliche Fotopapier, das feine, fast kugelförmige Silberpartikel aufweist, die den Farbton der Fotografie bestimmen. Sehe ich die Körnung, ist es, als sähe ich den Stoff, der dem Bild zu Grunde liegt – und mit ihm das bildgebende Verfahren, durch das die Fotografie allererst sichtbar wird. Mit dem Papier wird auch die Flächigkeit der Fotografie bewusst und damit die Übertragung einer an Zeit und Raum gebundenen Aufnahme in den Ausschnitt und die Rahmung des Bildes. Das Abbild der Tänzerin ist in das Papier eingetragen und tritt zugleich, greift man Roland Barthes Beobachtung auf, wie ein „vom Gegenstand abgesondertes *eidolon*" hervor: als das von ihm beschriebene „*spectrum* der Photographie", das „durch seine Wurzel eine Beziehung zum ‚Spektakel' bewahrt und ihm überdies den etwas unheimlichen Beigeschmack gibt, der jeder Photographie eigen ist: die Wiederkehr des Toten".[19] Mit Blick auf die Körnung des Papiers der Fotografie tritt die Verbindung von Bildkörper und Bildträger hervor – erscheint die der Vergangenheit angehörige Bewegung auf Dauer im Geflecht der Fasern verwoben und aufgehoben.

Anders als die Körnung vermitteln sich die Kratzer auf der Fotografie als Störungen meiner Wahrnehmungen, feine Risse, die sich zwischen dem fotografischen Bild und seinem Träger auftun und auf Spuren des Gebrauchs und damit der Zeit zurückzuführen sind. Weniger die Vergangenheit der Fotografierten, als die der Fotografie tritt mit den Kratzern in den Vordergrund meiner Wahrnehmung. Weiß weisen sie auf die Anwesenheit der einstmals unbelichteten Schicht des Papiers, auf seine Fasern, die das sichtbare Bild tragen bzw. von

[19] Ebd, S. 17.

ihm durchdrungen sind. Wie Tropfen auf der Scheibe treten sie zwischen meine Wahrnehmung und das Wahrgenommene – zwischen Fenster und Landschaft. Als weiße, leere Stellen kehren sie die vergangene Wirklichkeit als fotografierte hervor, machen die Fotografie als Fotografie sichtbar. Damit könnten sie auch die Sicht Roland Barthes auf die Fotografie ‚stören', der sagt:

> Was immer auch ein Photo dem Auge zeigt und wie immer es gestaltet sein mag, es ist doch allemal unsichtbar: es ist nicht das Photo, das man sieht. Kurz gesagt, der Referent bleibt haften. Und dieses einzigartige Haftenbleiben bedingt die so großen Schwierigkeiten, der PHOTOGRAPHIE auf die Spur zu kommen.[20]

Durch Körnungen und Kratzer erscheint der Referent in der ihn umgebenden und ihn tragenden Materialität der Fotografie. Ich komme nicht mehr umhin die Fotografie nicht zu sehen.

Verweisen die Körnung auf die Vergangenheit der Fotografierten und die Kratzer auf die Vergangenheit der Fotografie, so wird mit der Retusche der Fotograf als eine Wahrnehmung aus der Vergangenheit gegenwärtig. Die Striche auf dem Fuß der Tänzerin sind auf die Hand des Fotografen zurückzuführen und zeugen von seinem Blick auf Bewegung. Dabei weist die Retusche die Fotografie – mal mehr und mal weniger sichtbar – als nachträglich gestaltetes Bild aus, indem sie dem fotografischen Abbild einen malerischen Ein- und Abdruck verleiht.

Die künstlerische Gestaltung verlagert sich mit der Retusche von der Aufnahmesituation in die Dunkelkammer, in der partielle Pinselentwicklung, Farbeffekte und Zeichnungen den Bildern die entsprechende Stimmung und Gestalt verleihen. Mit der Retusche tritt die

---

[20] Barthes, Kammer (wie Anm. 2), S. 14.

Wahrnehmung einer Wirklichkeit hinter der Wirklichkeit der Wahrnehmung zurück und ‚zeichnet' diese als vergangene. Im erneuten Rekurs auf Barthes, wenngleich dieser mit der Kunstfotografie auch die Retusche nicht in seine Betrachtungen einbezieht, ließe sich abermals auf „die erschütternde Emphase des Noemas"[21] verweisen. Die Retusche ‚übermalt' das „Es-ist-so-gewesen"[22], das für Barthes die Fotografie kennzeichnet, mit dem Blick des Fotografen, der hier präsent wird: ‚So-habe-ich-es-gesehen'. Mehr als die Verbindung der Fotografie zum Referenten wird damit die Verbindung zur Vergangenheit sichtbar, die der Begriff des *Noemas* als Zeichen des Nachtrags und der Übertragung berührt.[23]

Körnung, Kratzer und Retusche dienen in meiner Reflexion von Tanzfotografie der Akzentuierung ihrer spezifischen Materialität, die ihre referentielle Funktion als Reproduktion des Realen relativiert. Weniger das Abbild als das Bild der Fotografie, weniger die dargestellte Bewegung als die Darstellung der Bewegung werden mit diesem Blickwechsel sichtbar. Für eine Tanzgeschichtsschreibung hieße dies, auch die performativen Dimensionen von Fotografie, ihre gestalterischen Mittel – wie neben der Retusche die Mittel von Schärfe und Unschärfe, aber auch die Beschaffenheit des Papiers, seiner Körnung, seine Gravuren und Spuren der Zeit – in die Betrachtung miteinzubeziehen. Es hieße den Beispielen historischer Tanzfotografie zu folgen, die den Blick auf ihren Gegenstand und damit ihre Lesart von Geschichte offen legen.

[21] Ebd., S.105.

[22] Ebd.

[23] Vgl. ebd., S. 86.

Literaturverzeichnis

Barthes, Roland, *Die helle Kammer. Bemerkung zur Photographie,* Frankfurt 1989.

Brandenburg, Hans, *Der moderne Tanz,* München ³1921.

Brandstetter, Gabriele, Anhaltende Bewegung. Nijinskys Sprung als Figur der Undarstellbarkeit, in: *Hofmannsthal-Jahrbuch. Zur Europäischen Moderne* 9 (2001), S. 163–192.

Geimer, Peter, *Theorien der Fotografie,* Hamburg ³2011.

Guest, Ann Hutchinson / Jeschke, Claudia, *Nijinsky's Faune restored. A Study of Vaslav Nijinsky's 1915 Dance Score L'Après-midi d'un Faune,* Philadelphia 1991.

Holdt, Hanns, Betrachtungen über Bühnen- und Tanzaufnahmen, in: *Deutscher Kamera-Almanach. Ein Jahrbuch für die Fotografie unserer Zeit,* Bd. 11, Berlin 1920, S. 45–50.

Jeschke, Claudia, *Tanz als Bewegungstext. Analysen zum Verhältnis Tanztheater und Gesellschaftstanz,* Tübingen 1999.

Layson, June, Dance History Source Materials, in: *Dance History. An Introduction,* hg. v. Janet Adshead-Landsale u. June Layson, London 1983, S. 18–31.

Peirce, Charles Sanders, Die Kunst des Räsonierens, in: ders., *Semiotische Schriften,* Bd. 1, hg. und übers. v. Christian Kloesel u. Helmut Pape, Frankfurt a. M. 1986, S. 191–201.

Abbildungsnachweis

Abb. 1: Deutsches Tanzarchiv Köln. Reproduktion: Dieter Zettner, Köln.

Abb. 2–5: Deutsches Tanzarchiv Köln. © VG Bild-Kunst, Bonn 2014. Reproduktion: Dieter Zettner, Köln.

Die Bewahrung des Ephemeren. Zur Dokumentation von Graffiti

4

Martin Papenbrock

Graffiti sind eine im städtischen Raum und an Verkehrswegen weit verbreitete, in ihrer materiellen Form aber schnell vergängliche Erscheinung.[1] In den Anfangsjahren des New Yorker Graffiti hatten die Sprüher noch mehrere Stunden Zeit, ihren Schriftzug / Tag oder ihr Bild / Piece an den Zug oder an die Wand zu bringen, bevor die Polizei auf sie aufmerksam wurde. Versierte Sprüher konnten in diesem Zeitraum aufwändige Pieces malen, ganze Waggons / Whole Cars oder – wenn sie die ganze Nacht Zeit hatten – auch ganze Züge / Whole Trains besprühen. Heute geht man davon aus, dass es nur noch etwa 20 Minuten dauert, bis die Polizei oder Wachdienste zur Stelle sind. Beim U-Bahn-Graffiti sind es sogar nur fünf Minuten vom Auslösen des automatischen Warnsystems beim Betreten der Gleise bis zum Eintreffen der Polizei am nächstliegenden Ausgang. Wenn die Deutsche Bahn wie angekündigt bald Drohnen zur Verfolgung von jugendlichen Sprühern einsetzt,[2] wird sich vermutlich die zum Sprühen verbleibende

[1] Die folgenden Ausführungen sind im Zuge der Arbeit an dem Projekt „Graffiti in Deutschland“ entstanden, einer interdisziplinären Kooperation, die von Doris Tophinke (Universität Paderborn) und mir initiiert und konzipiert wurde. Sie sind das Ergebnis gemeinsamer Überlegungen, vieler Gespräche und Diskussionen, auch mit unseren Mitarbeiterinnen und Mitarbeitern, und enthalten Gedanken und Beobachtungen, die wir in ähnlicher Form bereits in einem gemeinsamen Aufsatz formuliert haben: Martin Papenbrock / Doris Tophinke, Wild Style. Graffiti-Writing zwischen Schrift und Bild, in: *Andersschreiben. Formen, Funktionen, Traditionen,* hg. v. Britt-Marie Schuster u. Doris Tophinke, Berlin 2012, S. 179–197.

[2] Vgl. http://sz.de/1.1682317 vom 18.12.2013; http://www.spiegel.de/wirtschaft/unternehmen/anti-graffitiprogramm-nachtflug-verbot-fuer-drohne-der-bahn-a-934033.html vom 18.12.2013.

Zeitspanne im oberirdischen Bereich der im unterirdischen anpassen.

Gerade die U-Bahn- und die Zuggraffiti werden in der Regel sofort entfernt, um den Sprühern nicht den Triumph zu gönnen, ihr Piece durch die Stadt fahren zu sehen. Graffiti auf ortsfesten Untergründen, insbesondere auf schwer zugänglichen Wänden, können sich dagegen oft über mehrere Jahre halten. In den frühen Jahren des New Yorker Graffiti war das Entfernen der Bemalungen ein etwas längerer und aufwändigerer Prozess, und die Verkehrsbetriebe konnten es sich nicht immer leisten, die bemalten Züge im Depot zu lassen, zumal die Sprüher vorsorgten, indem sie bei den unbemalten Zügen mit Baseballschlägern die Scheiben einschlugen, um die bemalten in jedem Fall fahren zu sehen. Um ihr Piece oder ihr Whole Car dauerhaft zu dokumentieren, gaben sie Fotografen noch in der Nacht entsprechende Tipps, damit diese am nächsten Morgen die Züge fotografieren konnten.

Heute dauert das Entfernen / Buffen von Graffiti in der Regel nicht länger als das Anbringen. Einige Städte lassen grundsätzlich keine besprühten Züge mehr fahren. Die Sprüher dokumentieren ihre Aktionen deshalb direkt nach dem Anbringen mit Digitalkameras und stellen die Fotos und Filme so schnell wie möglich ins Internet, auch wenn das Piece zum Zeitpunkt des Postens schon nicht mehr existiert, der Zug vielleicht nie gefahren ist und das Graffiti in seiner ursprünglichen materiellen Form außer dem Sprüher, der Polizei und dem Reinigungsservice nie jemand gesehen hat. Das Posten im Internet ist das Entscheidende, das die Illusion von der Überwindung der Vergänglichkeit bzw. dem Austricksen der zwangsläufig erfolgenden Entfernung vermittelt.

In der Regel bleibt die Überwindung der Vergänglichkeit eine Illusion, zumal wenn sie sich auf Fotos oder Filme im Internet stützt, das selbst alles andere als ein dauerhaftes Medium ist. Um für längere Zeit ins kulturelle Gedächtnis eingeschrieben zu sein, müsste Graffiti wissenschaftlich dokumentiert und erforscht werden. Graffiti ist in den vergangenen Jahrzehnten zu einer globalen Erscheinung geworden, die wie kaum eine andere kulturelle Form ein eigenes ästhetisches Profil aufweist, über eine eigene kommunikative Praxis verfügt, urbane (und inzwischen auch virtuelle) Kommunikationsorte stiftet und soziale Konflikträume indiziert. Graffiti verraten viel über den Zustand der Städte und die soziale Struktur der Gesellschaft. Dass es bisher noch keine etablierte, das heißt an staatlichen Institutionen verankerte Graffiti-Forschung gibt, ist neben allen juristischen und ästhetischen Bedenken, die gegen Graffiti bestehen,[3] auch auf den ephemeren Charakter dieser speziellen kulturellen Form zurückzuführen, die eine Erforschung erschwert.

Die Voraussetzungen, um eine interdisziplinär vernetzte Graffiti-Forschung zu etablieren,[4] sind durchaus gegeben, zumal in den letzten Jahren eine gesellschaftliche Neubewertung von Graffiti zu beobachten ist. So sind in den großen überregionalen Tageszeitungen in zunehmendem Maße Abbildungen von Graffiti zu sehen. Dies erklärt

---

[3] Zur juristischen Auseinandersetzung um Graffiti in Deutschland, insbesondere zum sog. Graffitibekämpfungsparagraphen (§ 302 II StGB) vgl. Uwe Wesel, Nachdenken über Graffiti, in: *Neue Juristische Wochenschrift* (1997), H. 30, S. 1965; Jörg Wünschel, Der Graffitibekämpfungsparagraph – Ein Keulenhieb des Strafrechts gegen die grundgesetzlich garantierte Freiheit der Kunst?, in: *KUR-Journal* (2008), H. 2, S. 42–45.

[4] Zu Möglichkeiten und Perspektiven einer wissenschaftlichen Graffiti-Forschung vgl. Michael Nungesser, Wege zur Graffitologie, in: *Bildende Kunst* (1990), H. 6, S. 49–50, und vor allem Bernd Dollinger / Bettina Hünersdorf, Graffiti als Version und Subversion. Praxen kultureller Re-Regulierung und die Möglichkeit von Graffitiforschung, in: *Zeitschrift für Ästhetik und allgemeine Kunstwissenschaft* 55, (2010), H. 2, S. 171–185.

sich nicht allein durch das öffentliche Interesse, das prominenten Street-Art-Künstlern wie Banksy zuteil wird.[5] Vor allem die *Süddeutsche Zeitung* nutzt Abbildungen von Graffiti, um ihren Artikeln Aufmerksamkeit zu verleihen und ihrem bürgerlichen Image eine Anmutung von Jugendlichkeit und Rebellion hinzuzufügen. So wird der Fall von Diktaturen in Nordafrika und im Nahen Osten oft mit Graffiti illustriert, die als Indikator für die Zerstörung der bestehenden Ord-

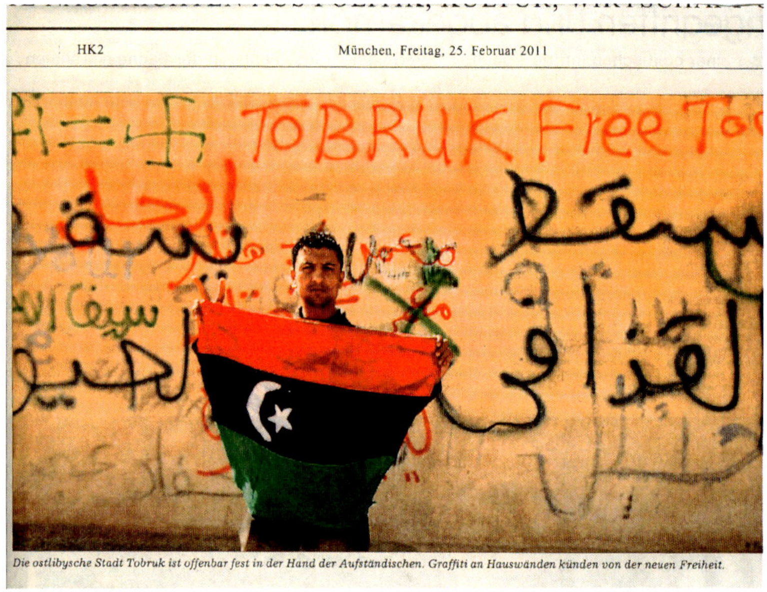
HK2 München, Freitag, 25. Februar 2011

Die ostlibysche Stadt Tobruk ist offenbar fest in der Hand der Aufständischen. Graffiti an Hauswänden künden von der neuen Freiheit.

Abb. 1: *Süddeutsche Zeitung*, 25.02.2011, Titelseite.

[5] Vgl. u. a. Frank Schirrmacher, Wer ist Banksy?, in: *Frankfurter Allgemeine Zeitung*, 2. Februar 2007, S. Z1; Tobias Kniebe, Kunst und Wahrheit, ein Großversuch, in: *Süddeutsche Zeitung*, 16./17. Oktober 2010, S. 13.

nung, als Ausdruck von Freiheits- und Demokratiebestrebungen und in diesem Zusammenhang als etwas Gutes interpretiert werden. Graffiti aus Libyen (Abb. 1), aus Afghanistan, aus Syrien oder aus Ägypten wurden in den Jahren 2011 bis 2013 sogar auf der Titelseite platziert.[6] Die Ursprünge dieser semantischen Neuakzentuierung liegen im Berliner Mauer-Graffiti begründet, das während und nach dem Ende der DDR zum Ausdruck westlicher Freiheitswerte stilisiert wurde.[7] Während Graffiti im Politik- und inzwischen auch im Kulturteil der Zeitungen positiv bewertet wird und mitunter sogar als Kunst gilt, wird es dagegen im Wirtschafts- und im Immobilienteil nach wie vor als Ärgernis, als Schmiererei und Sachbeschädigung angesehen.[8]

Nahezu selbstverständlich ist inzwischen die Verwendung von Graffiti für die Produktgestaltung und für Werbezwecke. Dies gilt nicht nur für szenenahe Produkte wie Skateboards, T-Shirts und Schallplatten-Cover,[9] sondern auch für Luxusgüter der Bekleidungs- und der Schmuckindustrie. So warb 2009 die Jubiläumsausgabe der

[6] Vgl. die Titelfotos der *Süddeutschen Zeitung* vom 25. Februar 2011 (zu Libyen), vom 7. März 2012 (zu Afghanistan), vom 1. März 2013 (zu Syrien) und vom 3. Juli 2013 (zu Ägypten).

[7] Unmittelbar nach dem Fall der Berliner Mauer gab die Deutsche Bank eine Kunstmappe heraus, die diese Semantik transportierte. Vgl. Deutsche Bank Bauspar AG (Hg.), *Graffiti an der Mauer. Die Mauer fällt, Deutschland baut auf. Eine Zukunft in Frieden und Freiheit,* Berlin 1989. Zur Geschichte der Berliner Mauer-Graffiti und des späteren Denkmals East-Side-Gallery vgl. Hermann Waldenburg, *Berliner Mauerbilder,* Berlin 1990; Heinz J. Kuzdas / Michael Nungesser, *Berliner MauerKunst,* Berlin 1990 ff.; Ralf Gründer, *Berliner Mauerkunst. Eine Dokumentation,* Köln / Weimar / Wien 2007; Günther Schäfer / Kathrin Greger, *East Side Gallery. Berliner Mauer Bilder,* Leipzig 2010.

[8] Vgl. Julia Daumann, Sisyphus am Wassertank, in: *Süddeutsche Zeitung,* 30. November 2012, V2/1 (Immobilien).

[9] Zur Nähe von Graffiti und Design vgl. Siggi Schlee, *Fadings. Graffiti to Design, Illustration and more. 24 Profiles,* Corte Madera 2005.

Vogue mit einer nachgestellten Graffiti-Szene für die Haute Couture und das Magazin der *Süddeutschen Zeitung* im selben Jahr mit gesprühten Preziosen in Graffiti-typischen Umgebungen für Luxusgoldschmiede.[10] Mag der Imagetransfer, der den kühlen, emotionslosen Statussymbolen der Reichen den Reiz des Dunklen und Verbotenen verleiht, werbepsychologisch effektvoll sein, darf eine solche Wirkung bei Alltags- und Verbrauchsgütern aus Drogerien oder Supermärkten wie Lesehilfen oder Gemüsesorten, die mit dem Etikett ‚Graffiti' versehen werden, angezweifelt werden. Aber auch diese Erscheinungen sind ein Beleg dafür, dass die Graffiti-Ästhetik und der Begriff ‚Graffiti' zu Bestandteilen der Warenästhetik geworden sind. Ebenso selbstverständlich scheint Graffiti zu einem Teil der kindlichen Lebenswelt geworden zu sein, wenn man sieht, dass etwa im IKEA-Katalog 2012 ein Wagen mit Sprühdosen zur Ausstattung eines Kinderzimmers gehörte oder der Tigerenten-Club der ARD im Sommer 2011 den Sprüher CAN2 einlud, um sein Können vor Kindern zum Besten zu geben.[11]

Auch in der politischen Werbung und im politischen Wahlkampf wird mit Graffiti gearbeitet. Insbesondere die Piratenpartei nutzte Stencils oder Reverse-Graffiti, um jüngere Wählerschichten zu erreichen.[12] Lange bevor Obama den bekannten Sprüher und Street-Art-Künstler Shepard Fairey, der durch seine Obey-Stencils bekannt geworden war,

[10] Vgl. *Vogue* (2009), H. 6, S. 620 f.; Sarah Illenberger / Ragnar Schmuck, Stil leben: Jeht doch!, in: *Süddeutsche Zeitung Magazin*, 4. Dezember 2009, S. 48–54.

[11] Vgl. http://programm.ard.de/TV/Programm/Jetzt-im-TV/tigerenten-club/eid_281066699290927?list=themenschwerpunkt vom 16.12.2013.

[12] Vgl. http://piratenpartei-wiesbaden.de/meldung/licht-und-wasser-piraten-entern-wiesbaden.aspx vom 18.12.2013.

für seinen Wahlkampf einsetzte,[13] ließ die Junge Union die Bühne für ihren Deutschlandtag 1994 in Berlin mit Graffiti illustrieren, ohne allerdings zu wissen, dass sie ausgerechnet Odem, einen prominenten, von der Polizei gesuchten Berliner Sprüher damit beauftragt hatte. Ein Foto des ‚Bühnenbildes' mit dem damaligen Bundeskanzler Helmut Kohl, der der Hauptredner der Veranstaltung war, veröffentlichte Odem später in seiner Autobiographie in einer Reihe mit seinen spektakulärsten Pieces.[14] Das Verhältnis zwischen Politik und Graffiti ist ambivalent. Im Landtagswahlkampf in Nordrhein-Westfalen im Jahr 2000 machte der Oppositionsführer Jürgen Rüttgers von der CDU das „Verbot von Graffiti-Schmierereien" zum Wahlkampfthema.[15]

Die steigende Präsenz von Graffiti in den Medien, in der Konsum- und Warenwelt und in der politischen Auseinandersetzung sichert den gesprühten Bildern noch keine dauerhafte Existenz. Sie ist allenfalls ein Indikator für eine neue gesellschaftliche Wahrnehmung von Graffiti, in der der kreative Aspekt den kriminellen verdrängt hat. Dauerhaft erhalten bleiben können Graffiti aber nur, wenn sie Teil der Kunstwelt werden. Damit sind nicht legale Leinwand-Graffiti gemeint, die sich als Post-Graffiti eine gewisse Zeit in Ausstellungen,

[13] Vgl. http://jolt.law.harvard.edu/articles/pdf/v25/25HarvJLTech243.pdf vom 18.12.2013.

[14] Vgl. Odem / Jürgen Deppe, *On the Run. Eine Jugend in der Graffiti-Szene,* Berlin 1997, S. 317, Abb. XVI.

[15] Zusammen mit anderen Bundestagsabgeordneten der CDU hatte Rüttgers bereits 1999 einen Entwurf für ein „Graffiti-Bekämpfungsgesetz" eingebracht. Vgl. http://dip21.bundestag.de/dip21/btd/14/005/1400546.pdf vom 18.12.2013. 2005 wurde der Entwurf in überarbeiteter Form mit den Stimmen der CDU/CSU, der SPD, von Bündnis 90/Die Grünen und gegen die Stimmen der FDP als Neununddreißigstes Strafrechtsänderungsgesetz vom Bundestag verabschiedet.

Galerien oder Museen halten können, sondern besprühte Wände, die aufgrund der Prominenz der Sprüher unter Denkmalschutz gestellt werden.[16] Beispiele dafür sind die Arbeiten von Harald Naegeli, dem Sprayer von Zürich,[17] oder die Schablonengraffiti / Stencils von Blek le Rat, dem Pionier der Pochoir-Bewegung aus Frankreich.[18]

Harald Naegeli hatte in den späten siebziger Jahren in der Schweiz Strichfiguren auf Wände gesprüht. 1981 wurde er in Zürich gefasst, vor Gericht gestellt und verurteilt, konnte sich einer Haftstrafe aber durch die Flucht nach Deutschland entziehen. Dort traf er auf eine Welle der Solidarität von Künstlern und Intellektuellen. Von seinen frühen Graffiti in Zürich sind nur wenige erhalten geblieben. Eine Figur am Gebäude des Deutschen Seminars der Universität Zürich, die sog. *Undine,* wurde 1995 von der Baudirektion als erhaltenswert eingestuft und durch eine Holzabdeckung provisorisch geschützt. Im Rahmen von Malerarbeiten an der Fassade im Jahr 2004 wurde die Arbeit restauriert und konserviert und anschließend der Öffentlichkeit zugänglich gemacht.[19]

---

[16] Zum Denkmalschutz für Graffiti vgl. Dennis Beyer, *Der Denkmalwert von Illegalität. Street Art als visuelle Erinnerungskultur,* Berlin 2012.

[17] Zu Harald Naegeli vgl. Harald Naegeli, *Mein Revoltieren, mein Sprayen,* Bern 1979.

[18] Zu Blek le Rat vgl. Sybille Metze-Prou / King Adz, *Blek le Rat. Getting Through the Walls,* London 2008. Zur französischen Pochoir-Bewegung und zur Geschichte des Stencils vgl. Christoph Maisenbacher, *An die Wand gesprüht. Pochoir. Schablonengraffiti aus Frankreich,* Frankfurt a. M. 1988; Bernhard van Treeck / Sybille Metze-Prou, *Pochoir. Die Kunst des Schablonengraffiti,* Berlin 2000; Joshua MacPhee, *Stencil Pirates. A Global Study of the Street Stencils,* New York 2004; Tristan Manco, *Stencil Graffiti,* London 2006; Samantha Longhi (Hg.), *Stencil History X,* Paris 2007.

[19] Vgl. http://www.rwi.uzh.ch/bibliothek/allgemein/bilder/unijournal-2004-5.pdf#page=4 vom 16.12.2012.

Der Pochoir-Künstler Blek le Rat, mit bürgerlichem Namen Xavier Prou, wurde Anfang der 1990er Jahre von der Universität Leipzig eingeladen, ein Seminargebäude zu bemalen. Während seines Aufenthaltes in Leipzig sprühte er auch im Stadtgebiet. Die Darstellung einer Madonna mit Kind auf einer Häuserwand, die er seiner späteren Frau Sybille widmete, die er in Leipzig kennengelernt hatte, wurde 2012 in die Liste sächsischer Denkmäler als eines der letzten kultu-

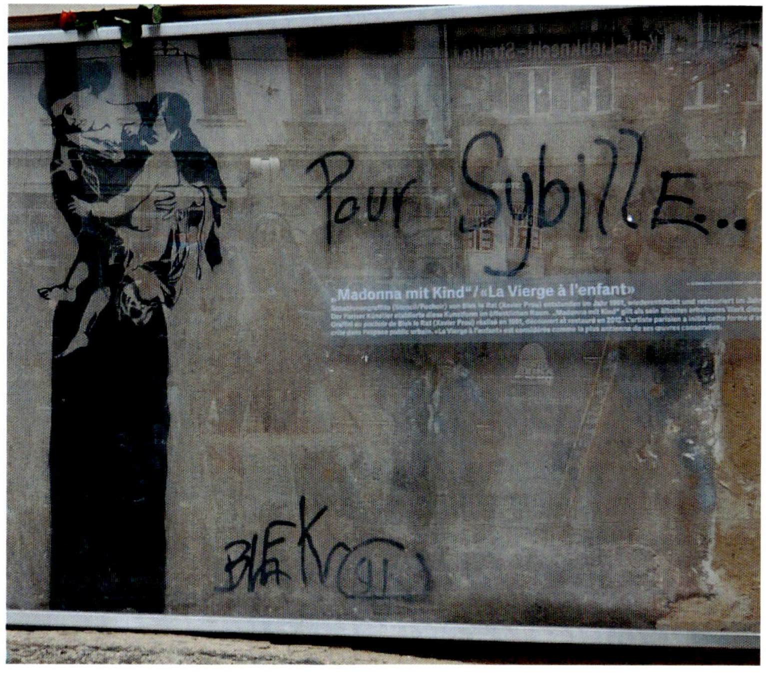

Abb. 2: Blek le Rat, Madonna mit Kind, 1991, Leipzig, Karl-Liebknecht-Straße, 2013 restauriert und durch Glas geschützt.

rellen Zeugnisse der Nachwendezeit (Abb. 2) aufgenommen.[20] Es ist zugleich eines der ältesten erhaltenen Stencils von Blek le Rat. Sicherlich ist dieser Fall vor dem Hintergrund der besonderen historischen Situation, in der er spielt, zu sehen. Vielleicht verdankt das Stencil seinen Denkmalstatus sogar eher seiner historischen Symbolik als seiner künstlerischen Bedeutung. Ungeachtet dessen ist der Fall ein Beispiel dafür, dass es gelingen kann, Graffiti unter dem Schutz der Behörden dauerhaft zu bewahren.

Auf ortsfesten Untergründen wie Mauern und Wänden hat Graffiti durchaus Chancen, den Denkmalstatus zu erreichen, zumal wenn es sich um bildhafte Graffiti wie bei den Arbeiten von Harald Naegeli oder Blek le Rat handelt, auf U-Bahnen und Zügen dagegen nicht. Selbst ausgesprochen künstlerische Zuggraffiti wie das vollständig abstrakt gestaltete Whole Car *Break* des New Yorker Sprühers Futura oder vergleichbare Arbeiten der deutschen Sprüher Moses & Taps aus jüngerer Zeit haben sich nicht erhalten.[21] Sämtliche ‚Klassiker' des New Yorker Graffiti sind nur in Büchern wie *Subway Art* und *Spraycan Art* und Filmen wie *Wild Style* und *Style Wars* überliefert.[22]

Die Frage, ob Graffiti als Kunst zu betrachten ist, hat seit den frühen Arbeiten über das New Yorker Graffiti die Diskussion bestimmt. Norman Mailer stellte 1974 in *The Faith of Graffiti* den Kunstcharak-

---

[20] Vgl. http://www.dw.de/graffiti-unter-denkmalschutz/a-15923628 vom 16.12.2012.

[21] Vgl. Henry Chalfant / Martha Cooper, *Subway Art,* New York 1984, S. 26–27; International Topsprayer (Hg.), *Moses & Taps. International Topsprayer,* Mainaschaff 2011, S. 147.

[22] Vgl. Chalfant / Cooper, *Subway Art* (wie Anm. 21), S. 147; Henry Chalfant / James Prigoff, *Spraycan Art,* London 1987; *Wild Style* (USA 1983, R: Charlie Ahearn); *Style Wars* (USA 1983, R: Henry Chalfant, Tony Silver).

ter von Graffiti heraus, indem er die jugendlichen Sprüher mit den Malern der Renaissance verglich und damit zugleich eine historische Perspektive eröffnete.[23] Jean Baudrillard dagegen schloss Graffiti in seiner semiologischen Skizze *KOOL KILLER ou l'insurrection par les signes* von 1975 ausdrücklich aus dem bürgerlichen System der Künste aus und sah gerade in ihrem Status als Nicht-Kunst ihr revolutionäres semiotisches Potenzial begründet.[24] Trotz der nachhaltigen Rezeption, die Baudrillards Soziologie des frühen New Yorker Graffiti erfahren hat, schlossen sich die meisten Autoren in der Folgezeit der Argumentation von Mailer an, nicht zuletzt deshalb, weil es der einzige Weg zu sein schien, Graffiti zu entkriminalisieren.

Insbesondere in den Filmen *Wild Style* und *Style Wars,* aber auch in den Fotobüchern *Subway Art* und *Spraycan Art,* die dazu beitrugen, Graffiti zu einer weltweiten Bewegung werden zu lassen, war die Kunstfrage ein Leitmotiv. In *Wild Style* wurde das kommerzielle Interesse des Kunstmarktes an der Graffitiszene thematisiert, in *Style Wars* dagegen (aus einer sprüherfreundlichen Perspektive) das Interesse der Polizei, Graffiti nicht als Kunst, sondern als Sachbeschädigung bewertet zu sehen. Zu den Beratern von *Style Wars* gehörte Arthur C. Danto, der die philosophischen Debatten über Kunst in den USA durch *Artworld* und *The Transfiguration of the Commonplace* seit den sechziger Jahren maßgeblich mitgeprägt hat.[25] Er sah die Illegalität und das Risiko der

---

[23] Vgl. Norman Mailer / Jon Naar, *The Faith of Graffiti,* New York 1974.

[24] Vgl. Jean Baudrillard, KOOL KILLER ou l'insurrection par les signes, in: *Interférences* (1975), H. 3 (dt.: *Kool Killer oder der Aufstand der Zeichen,* Berlin 1978, S. 19–38).

[25] Vgl. Arthur C. Danto, The Artworld, in: *The Journal of Philosophy* 61, (1964), H. 19, S. 571–584; Ders., *The Transfiguration of the Commonplace. A Philosophy of Art,* Cambridge Mass. 1981.

Sprüher, gefasst und haftbar gemacht zu werden, als Bestandteil des ästhetischen Konzepts von Graffiti an und begriff Graffiti als Kunst.[26] Im deutschsprachigen Raum waren es die Aktionen von Harald Naegeli und die Solidarität von Künstlern wie Joseph Beuys und Klaus Staeck, die Graffiti schon vor der weltweiten Popularisierung des American Graffiti zu einem Thema der Kunstwelt machten. Das mediale Interesse am Sprayer von Zürich führte dazu, dass auch die Kunstgeschichte sich mit Graffiti auseinanderzusetzen begann. Franz-Joachim Verspohl schrieb schon 1980 in den *kritischen berichten* über Graffiti,[27] Walter Grasskamp gab 1982 eine Themenheft von *Kunstforum International* über Graffiti heraus.[28] Den frühen kunsthistorischen Versuchen ist gemeinsam, dass sie Graffiti in den Kontext der aktuellen Wandmalerei zu stellen versuchten oder – wie Detlef Hoffmann oder Gunter Schweikhart in Beiträgen der achtziger Jahre – Graffiti aus einer Jahrhunderte alten künstlerischen Tradition der Gestaltung von Wänden heraus zu erklären versuchten.[29] Auch diese Arbeiten trugen dazu bei, Graffiti im künstlerischen Feld zu etablieren, ebenso wie Versuche aus jüngerer Zeit, neuere Graffiti mit dezidiert kunstge-

[26] Vgl. Arthur C. Danto, Post-Graffiti Art: Crash, Daze, in: *The Nation* 12 (Januar 1985), S. 24–27.

[27] Vgl. Franz-Joachim Verspohl, Mene mene tekel peres. Wandmalereien und Graffiti heute, in: *Kritische Berichte* 8,(1980), H. 1/2, S. 56–62.

[28] Vgl. Walter Grasskamp (Hg.), *Wilde Bilder. Graffiti und Wandbilder,* Köln 1982 (= Kunstforum International, Bd. 50).

[29] Vgl. Detlef Hoffmann, Zweitausend Jahre Graffiti oder Jede Zeit hat die Wände, die sie verdient, in: *Graffiti. Tätowierte Wände,* hg. v. Siegfried Müller, Bielefeld 1985, S. 17–37; Gunter Schweikhart, Sgraffiti – Graffiti: Über Putz und Schmutz auf den Wänden, in: *An der Wand. Graffiti zwischen Anarchie und Galerie,* hg. v. Johannes Stahl, Köln 1989, S. 121–135.

schichtlichen Methodiken zu untersuchen[30] oder eine Geschichte des populären amerikanischen Graffiti zu schreiben.[31]

Die Argumentationsmuster der Sprüher und der Autoren haben sich bis heute erhalten. Den Kunststatus beanspruchen nicht nur die prominenten Street-Art-Künstler, deren Arbeiten oft sehr elaboriert und technisch perfekt ausgeführt sind, sondern auch viele der jugendlichen Sprüher. Dies geschieht zum einen explizit durch gesprühte Kommentare / Comments, Messages wie „Graffiti is Art" oder durch die Namen der Sprühergruppen / Crews, die den Begriff „Artists" enthalten, – beides Adaptionen aus dem New Yorker Graffiti der späten siebziger und frühen achtziger Jahre – und zum anderen nonverbal durch das Zitieren von Stilen und Motiven des New Yorker (Old School) Graffiti. Diese Form der Anspielung und des Zitierens verwenden Künstler wie Banksy, der in einem seiner Cow-Graffitis das berühmte *WildStyle*Mural von Zephir zitierte,[32] ebenso wie jugendliche Anfänger in ihren Tags, die die Schriften des frühen New Yorker Graffiti der sechziger Jahre imitieren. Die Sprüher konstruieren durch diese künstlerischen Zitate eine Tradition, eine Geschichte des Graffiti, die den Kunstanspruch – bewusst oder unbewusst – untermauern. Auch der Habitus der Sprüher, insbesondere der der erfolgreichen Street-Art-Künstler, gleicht sich den Klischees des Kunstmarktes an.

---

[30] Vgl. Michael Dumkow (Hg.), *Bombing & Burning. Kunsthistorische Versuche zur Ästhetik der HipHop-Graffiti,* Berlin 1999; Lisa Gottlieb, *Graffiti Art Styles. A Classification System and Theoretical Analysis,* Jefferson / London 2008.

[31] Vgl. Roger Gastman / Caleb Neelon, *The History of American Graffiti,* New York 2011.

[32] Vgl. Banksy, *Wall and Piece,* London 2005, S. 125; Charlie Ahearn, *Wild Style. The Sampler,* New York 2007, S. 197.

Wenn sich Tasso, ein Mitglied der Weimarer Crew Ma'Claim, die mit fotorealistischen Graffiti für Furore gesorgt hat, mit Atemmaske und Sprühdose an einer Staffelei vor einer Bergkulisse fotografieren lässt, so ist diese Anspielung auf das Künstlerbild des 19. Jahrhunderts sicherlich nicht nur ironisch zu verstehen.[33]

Kunstanspruch und künstlerischer Habitus der Sprüher sind nicht allein mit Pragmatismus und juristischem Kalkül zu erklären. Zwar spielen juristische Aspekte in diesem Zusammenhang eine wichtige Rolle; die Chancen, vom Gesetz als Künstler anerkannt zu werden und damit vor der Strafverfolgung geschützt zu sein, sind aber für die meisten Sprüher verschwindend gering. Die Sprüher besitzen in den meisten Fällen nicht einmal die Urheber- und Verwertungsrechte an ihren Werken, auch wenn sie dies gelegentlich durch das Anbringen des Copyright-Zeichens zu markieren versuchen. Prominente Sprüher wie Moses & Taps wehren sich in ihren Graffiti explizit gegen die kommerzielle Verwertung durch Dritte und reklamieren ihre Rechte, allerdings ohne Aussicht auf Erfolg.[34] Das Fotografieren von Graffiti im städtischen Raum ist in Deutschland durch die Panoramafreiheit (§ 59 UrhG) legitimiert, das Urheberrecht für die Sprüher in der Regel wegen fehlender Schöpfungs- bzw. Gestaltungshöhe (nach § 2 UrhG), das heißt aufgrund fehlender künstlerischer Originalität, nicht einklagbar.

Um als Kulturzeugnis langfristig erhalten und bewahrt zu werden, müsste Graffiti, wie eingangs beschrieben, in großem Stil und über längere Zeiträume wissenschaftlich dokumentiert und bearbeitet

[33] Vgl. Falk Lehmann / Steffen Petermann, *Ma'Claim: Finest Photorealistic Graffiti,* Mainaschaff 2006, S. 33.

[34] Vgl. International Topsprayer, Moses & Taps (wie Anm. 21), S. 94.

werden. Natürlich kann auch die wissenschaftliche Bearbeitung die Existenz von Graffiti in der ursprünglichen materiellen Form nicht gewährleisten, die Archivierung und Veröffentlichung von Fotos und Filmen eröffnet aber eine Möglichkeit, das immense kreative und gestalterische Potenzial einer künstlerisch nicht legitimierten sozialen Gruppe visuell festzuhalten und ihr einen Platz im kulturellen Gedächtnis der Gesellschaft zu geben. Einen Schutz vor der Zerstörung von Graffiti wird es nicht geben. Er widerspräche den Rechten der Eigentümer der besprühten Flächen. Eine Pflicht zur bildlichen Dokumentation vor dem Entfernen könnte aber ein Kompromiss sein, um zur Bewahrung von ephemerem Kulturgut beizutragen.

Literaturverzeichnis

Ahearn, Charlie, *Wild Style. The Sampler,* New York 2007.

Banksy, *Wall and Piece,* London 2005.

Baudrillard, Jean, KOOL KILLER ou l'insurrection par les signes, in: *Interférences* (1975), H. 3 (dt.: *Kool Killer oder der Aufstand der Zeichen,* Berlin 1978, S. 19-38).

Beyer, Dennis, *Der Denkmalwert von Illegalität. Street Art als visuelle Erinnerungskultur,* Berlin 2012.

Chalfant, Henry / Prigoff, James, *Spraycan Art,* London 1987.

Chalfant, Henry / Cooper, Martha, *Subway Art,* New York 1984.

Danto, Arthur C., *The Transfiguration of the Commonplace. A Philosophy of Art,* Cambridge Mass. 1981.

Danto, Arthur C., Post-Graffiti Art: Crash, Daze, in: *The Nation* 12 (Januar 1985), S. 24–27.

Danto, Arthur C., The Artworld, in: *The Journal of Philosophy* 61 (1964), H. 19, S. 571–584.

Daumann, Julia, Sisyphus am Wassertank, in: *Süddeutsche Zeitung*, 30. November 2012, V2/1 (Immobilien).

Deutsche Bank Bauspar AG (Hg.), *Graffiti an der Mauer. Die Mauer fällt, Deutschland baut auf. Eine Zukunft in Frieden und Freiheit,* Berlin 1989.

Dollinger, Bernd / Hünersdorf, Bettina, Graffiti als Version und Subversion. Praxen kultureller Re-Regulierung und die Möglichkeit von Graffitiforschung, in: *Zeitschrift für Ästhetik und allgemeine Kunstwissenschaft* 55 (2010), H. 2, S. 171–185.

Dumkow, Michael (Hg.), *Bombing & Burning. Kunsthistorische Versuche zur Ästhetik der HipHop-Graffiti,* Berlin 1999.

Gastman, Roger / Neelon, Caleb, *The History of American Graffiti,* New York 2011.

Gottlieb, Lisa, *Graffiti Art Styles. A Classification System and Theoretical Analysis,* London 2008.

Grasskamp, Walter (Hg.), *Wilde Bilder. Graffiti und Wandbilder,* Köln 1982 (= Kunstforum International, Bd. 50).

Gründer, Ralf, *Berliner Mauerkunst. Eine Dokumentation,* Köln / Weimar / Wien 2007.

Hoffmann, Detlef, Zweitausend Jahre Graffiti oder Jede Zeit hat die Wände, die sie verdient, in: *Graffiti. Tätowierte Wände,* hg. v. Siegfried Müller, Bielefeld 1985, S. 17–37.

Illenberger, Sarah / Schmuck, Ragnar, Stil leben: Jeht doch!, in: *Süddeutsche Zeitung Magazin,* 4. Dezember 2009, S. 48–54.

International Topsprayer (Hg.), *Moses & Taps. International Topsprayer,* Mainaschaff 2011.

Kniebe, Tobias, Kunst und Wahrheit, ein Großversuch, in: *Süddeutsche Zeitung,* 16./17. Oktober 2010.

Kuzdas, Heinz J. / Nungesser, Michael, *Berliner MauerKunst,* Berlin 1990.

Lehmann, Falk / Petermann, Steffen, *Ma'Claim: Finest Photorealistic Graffiti,* Mainaschaff 2006.

Longhi, Samantha (Hg.), *Stencil History X,* Paris 2007.

MacPhee, Joshua, *Stencil Pirates. A Global Study of the Street Stencils,* New York 2004.

Mailer, Norman / Naar, Jon, *The Faith of Graffiti,* New York 1974.

Maisenbacher, Christoph, *An die Wand gesprüht. Pochoir. Schablonengraffiti aus Frankreich,* Frankfurt a. M. 1988.

Manco, Tristan, *Stencil Graffiti,* London 2006.

Metze-Prou, Sybille / Adz, King, *Blek le Rat. Getting Through the Walls,* London 2008.

Naegeli, Harald, *Mein Revoltieren, mein Sprayen,* Bern 1979.

Nungesser, Michael, Wege zur Graffitologie, in: *Bildende Kunst* (1990), H. 6, S. 49–50.

Odem / Deppe, Jürgen, *On the Run. Eine Jugend in der Graffiti-Szene,* Berlin 1997.

Papenbrock, Martin / Tophinke, Doris, Wild Style. Graffiti-Writing zwischen Schrift und Bild, in: *Andersschreiben. Formen, Funktionen, Traditionen,* hg. v. Britt-Marie Schuster u. Doris Tophinke, Berlin 2012, S. 179-197.

Schäfer, Günther / Greger, Kathrin, *East Side Gallery. Berliner Mauer Bilder,* Leipzig 2010.

Schirrmacher, Frank, Wer ist Banksy?, in: *Frankfurter Allgemeine Zeitung,* 2. Februar 2007, S. Z1.

Schlee, Siggi, *Fadings. Graffiti to Design, Illustration and more. 24 Profiles,* Corte Madera 2005.

Schweikhart, Gunter, Sgraffiti – Graffiti: Über Putz und Schmutz auf den Wänden, in: *An der Wand. Graffiti zwischen Anarchie und Galerie,* hg. v. Johannes Stahl, Köln 1989, S. 121–135.

van Treeck, Bernhard / Metze-Prou, Sybille, *Pochoir. Die Kunst des Schablonengraffiti,* Berlin 2000.

Verspohl, Franz-Joachim, Mene mene tekel peres. Wandmalereien und Graffiti heute, in: *Kritische Berichte* 8 (1980), H. 1/2, S. 56–62.

Vogue (2009), H. 6, S. 620 f.

Waldenburg, Hermann, *Berliner Mauerbilder,* Berlin 1990.

Wesel, Uwe, Nachdenken über Graffiti, in: *Neue Juristische Wochenschrift* (1997), H. 30, S. 1965.

Wünschel, Jörg, Der Graffitibekämpfungsparagraph – Ein Keulenhieb des Strafrechts gegen die grundgesetzlich garantierte Freiheit der Kunst?, in: *KUR-Journal* (2008), H. 2, 42–45.

Filmverzeichnis

Style Wars (USA 1983, R: Henry Chalfant, Tony Silver).

Wild Style (USA 1983, R: Charlie Ahearn).

Abbildungsnachweis

Abb. 1: *Süddeutschen Zeitung,* 25.02.2011, S. 1.

Abb. 2: http://kurier.at/kultur/kunst/werk-von-street-art-ikone-blek-le-rat-in-leipzig-gerettet/8.556.808 vom 18.08.2014.

Die Autoren

Hanna Baro

Hanna Baro, M. A., Studium der Kunstgeschichte und Englischen Sprach- und Literaturwissenschaften an der Ruprecht-Karls-Universität Heidelberg und der University of Melbourne. Derzeit Promotionsstipendiatin im interdisziplinären Projekt MaxNetAging der Max-Planck-Gesellschaft am Kunsthistorischen Institut in Florenz und dem MPI für demographische Forschung, Rostock, mit einem Dissertationsprojekt zu Vergänglichkeitskonzepten in der Kunst des 20. und 21. Jahrhunderts.

Martin Papenbrock

Martin Papenbrock, apl. Professor für Kunstgeschichte am Karlsruher Institut für Technologie (KIT). Studium der Kunstgeschichte, Literatur- und Editionswissenschaft an der Universität Osnabrück, 1991 Promotion bei Jutta Held mit einer Arbeit über Funktionen christlicher Ikonografie in der Nachkriegskunst (1945–1949), Post-Doc-Stipendium der DFG, Landesstipendium am Zentralinstitut für Kunstgeschichte in München, Habilitationsstipendium der DFG, 1999 habilitiert mit einer Studie zur Kunst der protestantischen Glaubensflüchtlinge im späten 16. und frühen 17. Jahrhundert („Landschaften des Exils. Gillis van Coninxloo und die Frankenthaler Maler"). Forschungsschwerpunkte: Niederländische Malerei der frühen Neuzeit, Kunst und Politik im 20. und 21. Jahrhundert (Nationalsozialismus, Exil, Nachkriegszeit, Studentenbewegung, Globalisierungskritik), Urban Art (Graffiti, Street Art, Kreative Interventionen), Theorie- und Fachgeschichte der neueren Kunstwissenschaft, Digitale Kunstgeschichte („informARTics.com"). Vorsitzender der Guernica-Gesellschaft, Mitherausgeber des Jahrbuchs „Kunst und Politik".

Jürgen Wiener

Jürgen Wiener, Professor für Kunstgeschichte, Studium, der Kunstgeschichte, Klassischen Archäologie, Mittelaterlicher Geschichte und der Volkskunde; lehrt seit 1990 an der Heinrich-Heine-Universität; Vorstandsmitglied des Arbeitskreises „Moderne im Rheinland", Mitglied des DFG-Graduiertenkollges „Materialität und Produktion", Forschungsschwerpunkte: Skulptur und Architektur des Hoch- und Spätmittelalters; Gartenskulptur der Frühen Neuzeit, Moderne Architektur und Kirchenkunst im Rheinland.

Isa Wortelkamp

Isa Wortelkamp, Prof. Dr. phil., Juniorprofessorin für Tanzwissenschaft am Institut für Theaterwissenschaft der Freien Universität Berlin. Dort leitet sie das DFG-Forschungsprojekt „Bilder von Bewegung – Tanzfotografie 1900-1920". Nach dem Studium der Angewandten Theaterwissenschaft in Gießen promovierte sie an der Universität Basel mit der Arbeit „Sehen mit dem Stift in der Hand – die Aufführung im Schriftzug der Aufzeichnung" (Freiburg im Breisgau 2006). 2003–2008 war sie wissenschaftliche Mitarbeiterin am Institut für Theaterwissenschaft der Freien Universität Berlin in Anbindung an den Sonderforschungsbereich 626 „Ästhetische Erfahrung im Zeichen der Entgrenzung der Künste". Zuvor arbeitete sie als wissenschaftliche Mitarbeiterin im Forschungsprojekt „Zur Modellierung von Fremdheit im Tanztheater des 19. Jahrhunderts" der LMU München und als Lehrbeauftragte an der Hochschule für Musik, Studiengang Tanz in Köln. 1998 gründete sie dort das Tanz-Performance Kollektiv ArchitekTanz. In ihrer Forschungsarbeit untersucht sie die Verhältnisse von Aufführung und Aufzeichnung, Choreographie und Architektur sowie von Bild und Bewegung.